Guide pratique de la levée de fonds

Éditions d'Organisation
Groupe Eyrolles
61, bd Saint-Germain
75240 Paris Cedex 05

www.editions-organisation.com
www.editions-eyrolles.com

Jean-François GALLOÜIN

Avec la collaboration de
Amélie FAURE et Laurent KOTT

Guide pratique
de la levée de fonds

EYROLLES

Éditions d'Organisation

Remerciements

Je tiens à remercier tout particulièrement Amélie Faure et Laurent Kott d'avoir pris le temps, malgré des agendas très chargés, de lire et de réagir à cet ouvrage. Le lecteur profitera ainsi des commentaires de deux personnes d'expérience et de talent.

Je profite de l'occasion pour remercier également celui grâce à qui j'ai découvert le monde de la création d'entreprise, Olivier Dellenbach. Il m'a fait confiance en m'appelant près de lui chez Nat-Systèmes, et m'a donné la chance de vivre une aventure passionnante.

Merci enfin à Alain Cafi, Christophe Bavière et Benoist Grossmann qui m'ont permis d'aborder l'entreprise sous un autre angle, et de découvrir le monde exaltant de l'investissement.

Sommaire

Première partie
Une société de capital-risque, comment ça marche?

Deuxième partie
Comment réussir ma levée de fonds?

Troisième partie
Comment négocier le pacte d'actionnaires et la garantie de passif?

Préface

Les hommes sont l'essence même de la réussite d'un projet. Lors de la création d'une entreprise ou de son développement, la relation entre les entrepreneurs et les investisseurs doit être fondée sur des qualités essentielles. La transparence est certainement l'une des plus importantes. Il est capital que l'ensemble des questions relatives à l'avenir d'un projet de création d'entreprise soit abordé en toute transparence. Les rôles de chaque «intervenant» doivent être définis sans aucune ambiguïté. L'entrepreneur élabore son projet, le porte, le développe. L'investisseur soutient financièrement le projet, accompagne l'entrepreneur pendant le développement de son entreprise et organise la valorisation de celle-ci.

Mais, trop souvent, le rôle de l'investisseur est méconnu des entrepreneurs et engendre une certaine méfiance. Cette appréhension est-elle justifiée? C'est une des questions à laquelle ce livre répond. Les entrepreneurs et les investisseurs ont un objectif commun : mener à bien le projet qui les lie. Très vite, il est indispensable qu'une relation de confiance s'installe pour pouvoir mettre en place un véritable partenariat. À travers cet ouvrage, l'auteur nous décrit de manière claire et concise l'univers de ces deux mondes, devenus au fil du temps, dans certains secteurs, complémentaires, voire indissociables.

L'économie française, en perpétuelle recherche de croissance, a besoin de voir émerger de nouvelles idées, a besoin d'hommes pour les développer et d'investisseurs pour les financer. Ce rapprochement entre innovation, entrepreneurs et financiers est un des piliers de cette croissance.

Christophe BAVIÈRE
Président du directoire
AGF Private Equity

Préambule

Après quinze années passées à la direction de deux entreprises du secteur des nouvelles technologies de l'information et de la communication (la première en tant que D.G. et associé, la seconde en tant que P.-D.G.-fondateur), j'ai eu envie de découvrir une nouvelle facette du monde des start-up et j'ai décidé de rejoindre une société de capital-risque. Les réactions furent vives dans mon cercle de relations, amicales ou professionnelles : «Comment? Tu passes à l'ennemi?», «Tu t'es laissé attirer par le côté obscur de la force!», «N'as-tu pas peur de trahir?», etc. Pour tous, je passai du monde apprécié des entrepreneurs, des bâtisseurs, à celui, méprisable, des financiers, des profiteurs, des spéculateurs. Pourtant, les contacts que j'avais pu avoir dans le passé avec certaines sociétés d'investissement m'avaient certes laissé parfois perplexe quant à leur mode de fonctionnement, mais j'avais en moyenne côtoyé des personnes très humaines, professionnelles, impliquées dans l'écosystème de la création d'entreprise; bref, des «gens bien», à mille lieues de ces clichés.

En entrant petit à petit dans mon nouveau rôle et en rencontrant de nombreux chefs d'entreprises, j'ai réalisé alors combien le métier d'investisseur était mal compris, voire totalement méconnu. Une première chose surprenante était que, lors des premiers entretiens que j'avais avec des dirigeants de société, alors que nous en étions aux présentations, ils ne savaient en réalité pas quelles questions me poser. Comme si la seule chose que j'étais capable d'apporter dans de futures relations était de l'argent et que, celui-ci n'ayant pas d'odeur, qu'il vienne d'ici ou d'ailleurs n'avait aucune importance. Pourtant, il était bien clair entre nous que nous n'interviendrions, si tel devait être le cas, que sous la forme d'une entrée dans leur capital! Les soins minutieux, les précautions les plus extrêmes que ces mêmes chefs d'entreprises avaient pris à choisir leurs associés n'avaient plus cours lorsqu'il s'agissait de choisir un «associé financier».

J'assistai récemment à un mini-débat sur le thème : le VC est-il l'ami de l'entrepreneur? Outre que la question est décalée (elle se voulait sans doute un peu polémique), car les relations entre associés quels qu'ils soient ne se placent pas, sauf cas particulier, sur le registre de l'amitié, elle apparaît trop générale pour que l'on y réponde de manière unique. La première question à se poser est en réalité de savoir si entrepreneurs et financiers ont besoin les uns des autres. Pour ce qui est des financiers, la réponse est clairement oui, en précisant, on le verra plus loin, qu'ils recherchent un certain type d'entrepreneurs et de projets d'entreprises. Pour ce qui est des entrepreneurs, la réponse est plus nuancée. Elle dépend également du type de projet qu'ils portent : les projets intenses en capital, ou pour lesquels le «time to market» est clé, nécessitent clairement un appui financier ; d'autres projets peuvent parfaitement être autofinancés. Mais elle dépend aussi de la manière dont l'entrepreneur souhaite conduire son projet.

Lorsque les financiers et les entrepreneurs ont bien perçu les raisons de travailler ensemble, la question de la nature et de la qualité de leurs relations peut alors être posée. Celle-ci dépend, comme pour toute relation d'associés, des projets personnels des uns et des autres et de leur prise en compte respective. Elle dépend également du niveau de confiance qu'ils auront su établir. Elle dépend enfin du contexte dans lequel ils se trouvent.

Quels sont les objectifs personnels de l'entrepreneur? Est-il dans une recherche de pouvoir, de liberté, de reconnaissance, ou est-il dans une logique financière? Quels sont les objectifs personnels de l'investisseur? Carrière, indépendance, reconnaissance, statut, etc.? L'investisseur est-il au début ou la fin de la période d'investissement de son fonds? Est-il dans un processus de levée d'un nouveau fonds? L'entreprise est-elle bien calée sur son plan de marche? Est-elle en retard? etc. Ces questions, parmi bien d'autres, doivent être posées et permettent certainement à chacun de mieux connaître l'autre, ce qui ne peut aller que dans le sens de meilleures relations. Mais ne nous leurrons pas, en fonction du contexte, les intérêts des financiers et des entrepreneurs sont, par nature, plus ou moins alignés, et, disons-le, ils le sont parfois plutôt moins que plus. Ainsi, lorsque ces situations se présentent, et que la solution se trouve nécessairement dans la recherche de compromis, il devient particulièrement important pour l'entrepreneur de bien comprendre le «fonctionnement» de son associé financier (la réciproque est vraie).

De manière plus générale, je pense qu'il est dangereux d'opposer deux mondes, celui des entrepreneurs et celui des financiers, qui, pour certaines entreprises, ne peuvent fonctionner l'un sans l'autre. Il y a là un véritable enjeu à faire en sorte qu'entrepreneurs et financiers se comprennent, sans angélisme, et apprennent à travailler ensemble, car c'est ensemble qu'ils réussiront à créer le maximum de valeur.

L'idée a donc germé de prendre la plume pour expliquer ce qu'est le métier d'investisseur. Bien des auteurs s'y sont essayés avant moi. Mais très rares sont ceux qui ont cette double expérience d'entrepreneur, puis de financier. J'ai donc cru bon de tenter à mon tour l'exercice, en essayant de répondre à des questions que je me suis d'abord posées en tant qu'entrepreneur, et que je continue à voir soulevées autour de moi par des chefs d'entreprises. Questions qui peuvent sembler aussi surprenantes que :

- «Faut-il gonfler mes chiffres prévisionnels pour séduire les investisseurs?»
- «Quel montant de financement dois-je demander?»
- «Est-ce que je pourrai être «viré» par les investisseurs?»
- «Est-ce que je dois tout dire aux financiers?»
- «Que vont-ils m'apporter d'autre que de l'argent?»
- etc.

J'ai souhaité apporter les réponses les plus pratiques possibles, les plus transparentes, sans parti pris, sans langue de bois, en m'adressant principalement aux entrepreneurs, avec pour objectif de leur donner des clés leur permettant d'interagir au mieux avec les financiers. Et comme, malgré quinze ans passés en tant que dirigeant de start-up, j'ai aujourd'hui choisi de porter une nouvelle casquette (on pourrait donc craindre une certaine partialité), il m'a semblé important pour «garantir» la neutralité de mes réponses de demander à deux personnalités indépendantes de venir commenter cet ouvrage.

Ces deux personnes ont pris le temps d'apporter, au fil des pages, des réactions, des contrepoints, des conseils, etc. qui apparaissent clairement en tant que tels dans le texte.

Pour en faciliter la lecture, l'ouvrage est conçu sous forme de fiches, que l'on peut lire indépendamment les unes des autres, et qui sont regroupées en trois parties :

- La première partie vise à présenter de manière factuelle le métier de capital-risqueur (organisation, processus, culture, enjeux, etc.). Elle se veut la plus objective possible et a pour ambition d'aider l'entrepreneur à mieux comprendre ses futurs interlocuteurs.

- Suit une deuxième partie traitant quelques-unes des questions parmi celles que j'ai pu entendre le plus fréquemment dans mes échanges avec des entrepreneurs.

- Enfin, la troisième partie passe en revue les clauses types d'un pacte d'actionnaires, document qui formalise la relation entre entrepreneurs et financiers lors d'une prise de participation.

J'espère que cette organisation permettra au lecteur/entrepreneur, souvent pris dans l'urgence de l'action, de venir chercher, en fonction de ses besoins, quelques réponses à ses interrogations.

Souhaitons que cet ouvrage contribue au rapprochement de deux des acteurs clés de la création d'entreprises à fort potentiel de création de valeur : les entrepreneurs et les financiers.

P.S. : au-delà du livre, nous engageons le lecteur à consulter le forum

http://leveedefonds.forumdediscussions.com

sur lequel il pourra réagir aux propos tenus ici, soumettre de nouvelles questions, compléter certaines réponses, faire part de son vécu, etc.

Une société de capital-risque, comment ça marche ?

L'objet de cette première partie est de présenter le fonctionnement global d'une société de capital-risque. L'objectif est de permettre aux entrepreneurs d'anticiper et de mieux comprendre les réactions et comportements des financiers, en souhaitant que cela facilite leurs échanges futurs.

Pour cela, nous essaierons de répondre successivement à différentes questions :

- Quelles sont les principales activités d'une société de capital-risque?
- Quel est son modèle de revenu?
- Quelle est l'organisation type d'une société de capital-risque et quelles sont ses règles de gouvernance?
- À quels enjeux une société de capital-risque est-elle confrontée?
- Quel est le profil type d'un investisseur?

Quelles sont les principales activités d'une société de capital-risque ?

Le processus que déroule une société de capital-risque se décompose en six activités principales :

1. La définition d'une stratégie d'investissement.

2. La levée du fonds : la société de capital-risque doit rassembler de l'argent avant de l'investir (elle fait appel à des souscripteurs).

3. L'investissement : la société de capital-risque investit l'argent levé en entrant dans le capital d'entreprises à fort potentiel de création de valeur.

4. Le suivi des investissements/réinvestissements/reporting : la société de capital-risque participe à la stratégie des entreprises dans lesquelles elle a investi. Elle est parfois amenée à refinancer des entreprises dans lesquelles elle est actionnaire. Elle doit par ailleurs rendre régulièrement des comptes de ses investissements à ses souscripteurs.

5. Le désinvestissement ou «sortie» : la société de capital-risque vend les participations qu'elle a prises lors de la phase 2, à l'occasion de cessions industrielles ou d'inscriptions sur un marché financier (Alternext, Euronext, Nasdaq, etc.) des entreprises dans lesquelles elle a investi.

6. La liquidation du fonds : la société de capital-risque rend à ses souscripteurs l'argent encaissé dans la phase 5. Selon qu'elle aura ou non fait de bons investissements, elle rendra plus ou moins d'argent.

Pour fixer les idées, et avant de détailler les différentes activités ci-dessus exposées, disons que la durée totale de déroulement du processus est de l'ordre de huit à dix ans : quelques mois pour définir la stratégie, de douze à dix-huit mois pour la levée de fonds, entre deux et trois ans pour trouver les entreprises que la société de capital-risque souhaite financer, entre trois et cinq ans pour que les investissements soient réellement créateurs de valeur, puis un à trois ans pour trouver la meilleure sortie (cession de l'entreprise, inscription en Bourse, etc.).

Ce processus est déroulé autant de fois que l'équipe d'investisseurs lève et gère de fonds. On verra plus loin que, du point de vue de l'entrepreneur, il est important de savoir avec quel fonds un investisseur est susceptible de rentrer dans son capital, lorsque celui-ci en gère plusieurs, et surtout dans quelle phase du processus le fonds en question se trouve. Annonçons déjà que plus la société de capital-risque est avancée dans le processus, plus un investissement nouveau devra créer de la valeur rapidement.

1. Définition d'une stratégie d'investissement

Comme toute entreprise, une société de capital-risque doit avant tout définir une stratégie. Il s'agit pour elle principalement de déterminer une politique d'investissement, c'est-à-dire :

- les secteurs d'activité dans lesquels elle va investir (biotechnologie, nanotechnologie, électronique, téléphonie, télécoms, e-commerce, logistique, industrie «traditionnelle», etc.);

- les secteurs géographiques dans lesquels elle réalisera ces investissements;

- le niveau de maturité des entreprises recherchées (en est-on au stade de l'idée, d'un premier produit, des premières ventes, du lancement de l'activité à l'international, etc.?);

- le type de risque que la société de capital-risque souhaite prendre (risque produit, risque client, risque d'industrialisation, etc.);

- le niveau de risque souhaité : «fort enjeu/fort risque» ou «faible enjeu/faible risque»;

- la «taille des tickets» (c'est-à-dire le montant moyen investi dans une entreprise à l'entrée dans son capital) et l'exposition moyenne (c'est-à-dire le montant moyen investi dans une entreprise lors de son accompagnement);

- etc.

C'est sur la base de cette politique d'investissement que la société de capital-risque lèvera des fonds (voir l'étape suivante du processus).

L'entrepreneur qui souhaite faire appel à une société de capital-risque doit clairement identifier la stratégie d'investissement de cette dernière pour déterminer si le projet qu'il propose est susceptible de correspondre à ce qu'elle recherche ou non. Notons ici qu'il ne s'agit donc pas uniquement d'avoir un «bon projet» pour trouver un partenaire financier, faut-il encore que le projet réponde à une demande.

2. Levée du fonds

Dans cette deuxième phase du processus, la société de capital-risque va à la rencontre de souscripteurs éventuels, leur présente son projet d'investissement et les rendements espérés, et essaie de les convaincre de lui confier de l'argent à investir.

La levée de fonds se déroule différemment, selon que la société de capital-risque s'adresse à des souscripteurs présentant la qualité d'investisseur averti ou non. En effet : «*La qualité d'investisseur averti doit être appréciée au regard des trois critères cumulatifs, à savoir : la compétence professionnelle, la nature des opérations réalisées et la connaissance des instruments financiers, et le volume des opérations.*»[1]

---

1. Cour de Cassation – Chambre commerciale – Audience publique du 18 février 2004 – Président M. Tricot.

5

Plus concrètement, certaines sociétés de capital-risque vont s'adresser en direct à un petit nombre de très grands institutionnels (ou à quelques personnes très fortunées) qui confieront chacun de grosses sommes d'argent (plusieurs millions, voire dizaines de millions, d'euros), quand d'autres vont faire appel à de l'épargne publique, s'adressant, par le biais de réseaux commerciaux (banques, gestionnaires de patrimoine, assurances) à un grand nombre de personnes physiques. C'est, dans ce cas, plusieurs milliers de personnes qui confieront chacune quelques milliers d'euros à la société de capital-risque.

Dans tous les cas, l'exercice de la levée de fonds n'est pas simple. En effet, le type de placement proposé aux souscripteurs présente deux inconvénients majeurs :

- La non-liquidité. Une fois l'argent levé par la société de capital-risque, celui-ci est investi dans des sociétés qui vont elles-mêmes l'investir dans leurs projets de développement, lesquels ne produiront leurs effets qu'au bout d'un laps de temps généralement de l'ordre de quelques années. Pas question donc, une fois une participation prise dans le capital d'une entreprise, de «récupérer sa mise» à court terme. Du point de vue du souscripteur, les placements dans le capital-risque n'offrent donc pas de perspectives de sortie avant la date de liquidation du fonds, contrairement par exemple à certains investissements directs en Bourse, dont on peut sortir relativement facilement.
- Un horizon d'investissement relativement long, de l'ordre de huit ans. On l'a vu plus haut, la durée de déroulement de l'ensemble du processus d'investissement/suivi/désinvestissement est de cet ordre de grandeur.

Les sociétés de capital-risque doivent donc, pour rester motivantes, présenter des rendements meilleurs que ceux proposés par des placements plus liquides, ou à horizon plus court. En clair, une équipe de capital-risque ne peut prétendre lever un fonds que si elle peut faire valoir des performances de l'ordre de 20 à 30 % par an! Malheur aux équipes qui ne performent pas, elles ne lèveront plus de fonds et seront de ce fait amenées à disparaître.

Le tableau ci-après présente les performances moyennes des fonds de capital-risque européens et américains sur la période 1990-2000.

Taux de retour moyen annuel des fonds de capital-risque
sur une période de 10 ans, de 1990 à 2000

États-Unis		Europe	
Total des fonds	1er quartile	Total des fonds	1er quartile
28,6 %	43,8 %	17,2 %	37,0 %

Source : NVCA, EVCA, Venture Economics

Écart-type de rentabilité annuelle en France de 1990 à 2000

Immobilier	0,5 %
Obligataire	0,8 %
Actions	2,6 %
Indice «Nouvelles Techno.> de l'Eurostoxx	5,5 %
Capital investissement (benchmark)	5,2 %

Source : CDC Ixis Capital Markets, service de la Recherche

3. Investissement

Dans cette troisième phase du processus, la société de capital-risque identifie des sociétés à la recherche de financements, entrant dans sa stratégie d'investissement et qui sont prêtes à céder une partie de leur capital pour obtenir ces financements. Il est intéressant de constater que la société de capital-risque fait ici ce qui s'apparente à du «picking» pour constituer un portefeuille correspondant à sa politique d'investissement. Une fois encore, l'entrepreneur qui cherche à lever des fonds doit donc bien comprendre la politique d'investissement de son interlocuteur, mais aussi connaître le niveau d'avancement de la constitution de son portefeuille, pour éviter de perdre du temps si son projet n'entre pas dans les critères du financier ou «arrive trop tard», lorsque des investissements semblables au projet présenté ont déjà été réalisés. Notons ici que l'initiative d'une entrée en relation est souvent prise par l'entrepreneur, mais qu'il arrive également que les investisseurs fassent eux-mêmes le premier pas.

Lorsqu'une entreprise présente un intérêt fort (équipe dirigeante de grande qualité, rupture technologique, différenciateur technologique fort, marché important), elle peut se trouver courtisée par de nombreux investisseurs. Une véritable compétition peut alors s'engager entre financiers pour participer à l'aventure entrepreneuriale proposée. Dans certains cas, des «syndications» d'investisseurs pourront se former pour tenter de réaliser ensemble l'opération.

Nous verrons dans la deuxième partie de cet ouvrage quels sont les critères d'investissement généralement utilisés par les financiers pour sélectionner un dossier. Retenons simplement ici que la «grille du tamis» est particulièrement fine. Le nombre d'entreprises qui finalisent un investissement par rapport au nombre de candidates est de l'ordre de 2 à 4 %!

L'indicateur Chausson Finance fournit de manière précise les montants investis en France et le nombre d'opérations menées à terme.

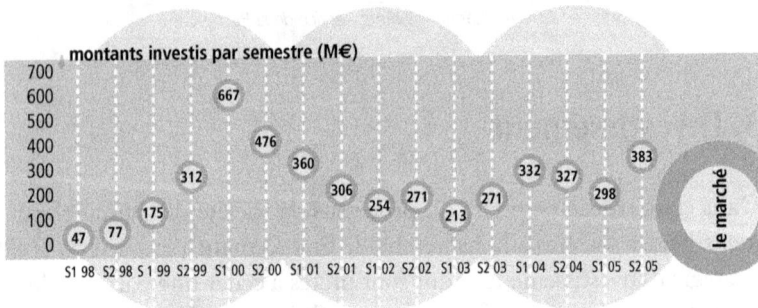

montants investis par semestre (M€)

Chausson Finance nous indique par exemple que 302 entreprises ont été financées par le capital-risque français au cours du second semestre 2005, dont 100 qui ont reçu des capitaux pour la première fois. C'est bien peu!

Au premier semestre 2005, c'est 244 entreprises qui avaient été financées, dont 69 pour la première fois.

Ratio refinancements/nouveaux investissements (en nombre d'opérations)

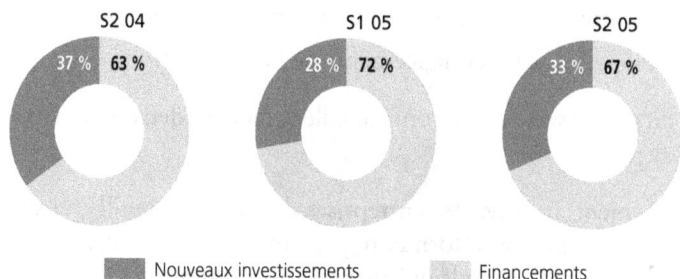

S2 04 — 37 % / 63 %
S1 05 — 28 % / 72 %
S2 05 — 33 % / 67 %

■ Nouveaux investissements   ▨ Financements

Il apparaît clairement ici que le nombre d'entreprises qui entrent dans les critères du capital-risque est relativement faible (546 en 2005! et 169 qui trouvent du financement pour la première fois!). Alors que, selon le rapport Bannock, entre 15 000 et 17 000 PME françaises à fort potentiel de croissance cherchent chaque année à financer leur croissance par un renforcement de leurs capitaux propres.

L'entrepreneur qui décide de se lancer dans une opération de levée de fonds se doit d'avoir cette donnée en tête et de s'interroger sur le profil de son projet pour s'assurer qu'il relève bien de ce type de financement.

4. Suivi des investissements/réinvestissements/ reporting

La quatrième activité du processus est en réalité orientée sur deux cibles : les entreprises dans lesquelles la société de capital-risque a investi et les souscripteurs du fonds.

Le suivi des entreprises recouvre un grand nombre d'activités :

- préparation et participation aux conseils d'administration, dans lesquels les investisseurs apportent leur éclairage sur la stratégie de l'entreprise;
- veille technologique et concurrentielle;

- mises en relation diverses ;
- préparation des refinancements éventuels de l'entreprise ;
- participation aux refinancements de l'entreprise.

Ces différentes actions seront détaillées dans la deuxième partie de l'ouvrage.

Parallèlement au suivi des entreprises de son portefeuille, la société de capital-risque doit informer régulièrement (deux à six fois par an) les souscripteurs au fonds qu'elle gère, notamment :

- sur les nouveaux investissements ;
- sur les sorties (ventes d'entreprises ou cotation sur un marché) ;
- sur les faits marquants concernant les entreprises financées.

La société de capital-risque doit également évaluer régulièrement la valeur des sociétés qui constituent son portefeuille, afin de publier, à destination de ses souscripteurs, une valeur liquidative du fonds. Cette évaluation se doit d'être la plus objective possible. Elle est soumise à un certain nombre de règles dictées par les autorités de marché (AMF) et doit être validée par un commissaire aux comptes.

5. Désinvestissement ou «sortie»

Dans cette cinquième phase du processus, la société de capital-risque tente de revendre les actions qu'elle détient dans les différentes entreprises de son portefeuille.

La phase de sortie n'est pas déclenchée à un moment précis mais s'exécute plutôt en fonction des opportunités qui se présentent tout au long de la vie du fonds. Reste qu'une date butoir existe, définie par la durée de vie du fonds, et qu'elle correspond à un engagement contractuel que la société de capital-risque prend vis-à-vis de ses souscripteurs.

Un entrepreneur qui souhaite s'engager avec un financier doit bien comprendre qu'une société de capital-risque est tenue de rendre à ses souscripteurs des liquidités. Elle ne peut rester investie en actions, quand bien même ces actions pourraient être évaluées très chères.

Plusieurs modalités de sortie existent :

● ● ● *Amélie Faure*

S'assurer que son projet relève bien de ce type de financement

- L'inscription de l'entreprise sur un marché financier. Il s'agit de «coter» l'entreprise en Bourse, c'est-à-dire de profiter d'un espace dans lequel des actions de l'entreprise pourront se négocier librement. La société de capital-risque profite alors de ce marché pour céder à des tiers les actions qu'elle possède. Cette modalité de sortie n'est effective que s'il existe une liquidité suffisante sur le marché en question, c'est-à-dire suffisamment de contreparties auxquelles la société de capital-risque pourra céder ses actions.

Telle est vraiment la question clé. Pour cela, il faut commencer par répondre honnêtement à trois questions :
  ‣ Mon projet a-t-il besoin d'un financement important ?
  ‣ Suis-je prêt à accepter une dilution importante de ma part dans le capital ?
  ‣ Suis-je d'accord pour préparer et faciliter un exit (qui signifie souvent un changement total de contrôle de l'entreprise) dans les 3 à 5 ans ?

- La vente à une entreprise tierce (sortie industrielle). Notons que la société de capital-risque est satisfaite dès lors que les actions qu'elle possède sont vendues. La transaction peut donc porter uniquement sur la part de capital qu'elle détient, lorsque l'acquéreur l'accepte et que certains actionnaires, en particulier le management, ne souhaitent pas vendre leurs propres actions.

- La vente au management. Il arrive (assez rarement) que les investisseurs cèdent leurs actions aux dirigeants de l'entreprise. Ceci est notamment le cas lorsque la société en question est suffisamment rentable pour mettre en place un LBO (Leverage Buy Out – voir glossaire). Mais cette modalité de sortie ne permet en général pas à la société de capital-risque de valoriser au mieux son investissement, c'est pourquoi elle reste assez exceptionnelle.

- La vente à un fonds secondaire. Dans ce cas, bien souvent assez peu favorable financièrement, la société de capital-risque vend sa participation à un autre financier, dont l'horizon de sortie est plus éloigné.

On le voit, l'«association» proposée par un partenaire financier est toujours une association à durée limitée, dont le terme peut facilement être déterminé. C'est un point que les entrepreneurs et les financiers doivent aborder pour vérifier que leurs horizons de temps sont compatibles.

Il apparaît par ailleurs que la liquidité recherchée par les financiers passe parfois par la cession de la totalité de l'entreprise. Pour assurer leur sortie, les investisseurs demandent même fréquemment que des clauses de type «buy or sell» soient intégrées dans les pactes d'actionnaires (voir la fiche « *De quel degré de liberté peut-on disposer dans les cessions d'actions?* », p. 116). Ces clauses, pour être bref, donnent mandat aux financiers pour vendre, à un horizon fixé, la totalité des actions de l'entreprise (y compris donc celles des entrepreneurs). Le fondateur d'une entreprise qui choisit de collaborer avec une société de capital-risque doit donc se préparer à cette éventualité.

> **À retenir**
>
> Les entrepreneurs devraient garder en mémoire que les financiers doivent, comme eux, satisfaire des clients (les souscripteurs). Ils comprendraient mieux alors pourquoi, si ces investisseurs s'intéressent à tel projet plutôt qu'à tel autre, c'est tout simplement qu'ils essaient de satisfaire un cahier des charges qu'ils ont validé auprès de ces mêmes clients. Ils pourraient alors présenter leur propre projet en écho à ce cahier des charges, et ainsi en augmenter l'impact.

6. Liquidation du fonds

Dans cette dernière phase, l'ensemble des participations dans les différentes entreprises du portefeuille ayant été rendues «liquides», l'argent est redistribué aux souscripteurs, au prorata de leur investissement initial, et après distribution du «carried» aux gestionnaires du fonds (voir la suite sur le plan du modèle de revenu).

Quel est le modèle de revenu d'une société de capital-risque?

Le modèle de revenu d'une société de capital-risque est assez simple. La société prélève sur les fonds levés des frais de gestion. Ces frais sont de l'ordre de 2 à 3 % des sommes levées, par an. Soit, pour un fonds de 100 M€, géré sur huit ans, une somme totale de 16 à 24 M€. Les frais de gestion, qui sont en quelque sorte le chiffre d'affaires de la société de capital-risque, servent à payer les salaires des employés, les frais généraux (loyers, informatique, frais divers), etc.

Remarquons ici deux choses :

●●● *Amélie Faure*

- D'une part, que les plus-values réalisées sur les investissements doivent être vraiment importantes pour assurer une performance satisfaisante du fond, sachant que les sommes finalement disponibles pour être investies sont diminuées de 2 à 3 % par an sur la durée de vie du fonds. En reprenant l'exemple d'un fonds de 100 M€ investi sur huit ans, il apparaît que les sommes réellement investies seront de 76 à 84 M€, selon que la société prélèvera 2 ou 3 % par an (la société de gestion part d'une certaine façon avec un «handicap»).

Les plus-values réalisées sur les investissements doivent être vraiment importantes

Comprendre cette équation de rentabilité peut être très long. Personnellement, cela m'a pris dix bonnes années car l'arithmétique globale d'un fonds est rarement exposée. Pourtant, cela permet de comprendre le niveau de performance attendu sur les entreprises financées : bien performer n'est pas suffisant, il faut EXCELLER.

- D'autre part, qu'une société de capital-risque, même lorsqu'elle gère des fonds importants, reste une PME. Le nombre de ses employés est très limité (couramment entre dix et vingt, très exceptionnellement plus de trente).

Pour compléter cette rapide présentation du modèle de revenu, il faut parler du «carried interest». Le carried interest, qui est une sorte de plan d'intéressement proposé aux personnes clés de la société de capital-risque (très souvent les partners, mais pas uniquement), consiste à rétrocéder une partie de la performance réalisée par le fonds, au-delà d'un objectif fixé entre les souscripteurs et la société lors de la levée. Pour cela, on propose aux personnes choisies de souscrire au fonds lors de sa levée (phase 1 du processus), avec une décote qui peut être très significative. Si les performances sont au rendez-vous, ces mêmes personnes se voient attribuer, dans la phase de liquidation, et selon certaines règles qui peuvent être plus ou moins prioritaires, une partie plus ou moins importante de la plus-value.

Pour donner des ordres de grandeur, il n'est pas rare que les partners investissent à titre personnel plusieurs centaines de milliers d'euros, et que, en contrepartie, de l'ordre de 20 % de la plus-value créée par le fonds, au-delà d'un seuil minimum rétrocédé aux souscripteurs, leur soient reversés. Le point est important. Il souligne que bien souvent les partners d'une société de capital-risque jouent à fond un rôle d'entrepreneur : ils investissent une partie de leur argent, et sont rémunérés en retour par une plus-value sur cet investissement.

> **— À retenir —**
>
> Les capital-risqueurs sont des entrepreneurs comme d'autres, dont la rémunération dépend grandement de la performance des fonds qu'ils gèrent. Or, la performance d'un fonds est la moyenne pondérée des performances réalisées sur chacun des investissements du fonds. Les entrepreneurs doivent donc garder à l'esprit que les financiers les appréhenderont avec cet objectif fort. Sur quelle valeur de l'entreprise puis-je entrer au capital ? À quelle valeur pourrai-je sortir du capital ? À quel horizon ? Quel risque représente l'investissement ?

Enfin, pour terminer la présentation du modèle de revenu, indiquons que les coûts d'expertise liés aux opérations d'investissements (frais d'avocats, experts techniques, etc.) sont soit prélevés sur les frais de gestion, soit déduits des sommes levées (dans une limite prédéfinie avec les souscripteurs).

Quelle est l'organisation type d'une société de capital-risque ?

Nous avons jusqu'à présent utilisé (un peu rapidement) le terme de «société de capital-risque». Cela est légèrement simplificateur mais convient bien pour le propos de cet ouvrage. Disons, pour être précis, que nous assimilons ici sous le même terme les «sociétés de capital-risque» à proprement parler, et les «sociétés de gestion» en charge du suivi de «fonds de capital-risque». Une même société de gestion pouvant gérer plusieurs fonds. Notons donc que l'on distingue principalement :

- Les sociétés de capital-risque (SCR) : ce sont des sociétés par actions (SA, SAS par exemple), qui optent pour un régime fiscal particulier (régime des SCR) et qui interviennent en direct, avec leurs propres fonds (ceux qu'elles ont levés), dans le capital des sociétés qu'elles financent. Ces sociétés rassemblent deux types d'actionnaires : les souscripteurs (limited partners, ou LPs), et les general partners (les opérationnels, associés).

- Les fonds communs de placement à risque (FCPR) : ce sont des fonds communs de placement, c'est-à-dire des copropriétés de valeurs mobilières. Elles n'ont pas de personnalité morale et doivent donc être représentées par des «sociétés de gestion». Ces sociétés de gestion peuvent lever et gérer un ou plusieurs FCPR, en parallèle ou successivement. Les souscripteurs apportent l'argent au FCPR et non à la société de gestion. Ils peuvent être des particuliers ou des personnes morales.

- Les fonds communs de placement dans l'innovation (FCPI) : ce sont des FCPR qui offrent à leurs souscripteurs des avantages fis-

15

caux, en contrepartie de quoi ces fonds doivent respecter certaines règles d'investissement :

- au moins 60 % des investissements doivent se faire dans des sociétés ayant un statut d'entreprise innovante (selon des critères définis par la loi) ;
- les investissements doivent se faire dans les deux ans qui suivent la levée de fonds.

- Les fonds d'investissement de proximité (FIP) : c'est une autre forme de FCPR, porteur également d'un régime fiscal particulier, et ayant obligation d'investir dans une zone géographique déterminée.

Par simplification, on appelle société de capital-risque aussi bien une SCR qu'une société de gestion, que celle-ci gère des FCPR, des FCPI ou des FIP.

Quel que soit son statut, l'organisation d'une société de capital-risque (au sens large) reste assez simple. On y trouve en général :

- Des partners (ou associés, ou directeurs de participation) qui recherchent les opportunités d'investissement, instruisent les dossiers, réalisent les investissements et suivent les entreprises. Ces partners sont souvent spécialisés dans tel ou tel secteur d'investissement : biotechnologie, logiciel, télécoms, hardware, etc. Ils sont plus ou moins impliqués dans le processus de levée de fonds de la société de capital-risque.

- Des consultants juniors qui participent au «sourcing» (identification d'opportunités) et à l'instruction des dossiers.

> — À retenir —
>
> Les techniques de vente de type «strategic selling», qui s'appliquent à la vente d'une offre complexe, s'appliquent aussi à la vente d'un projet de financement. Soyons clairs, il ne s'agit pas pour l'entrepreneur de faire de la «vente à l'arraché». Mais il est judicieux de se poser des questions basiques comme : Qui sont mes interlocuteurs ? Que recherchent-ils ? Quel est leur processus de décision ? Quel est leur cycle de décision ? Quelles sont les objections soulevées par mon projet ? Comment y répondre ? Qui, parmi les décideurs, est favorable au projet ? Qui ne l'est pas ? Etc.

- Des personnes au «back office», chargées de la gestion de la société de capital-risque, du suivi administratif des investissements, du reporting vers les souscripteurs, de la communication, des moyens généraux, etc.

Les règles de gouvernance varient d'une société de capital-risque à une autre. Les décisions d'investissement, par exemple, peuvent être prises, selon les cas, à une majorité plus ou moins forte des partners, pouvant aller jusqu'à l'unanimité. Parfois, des comités d'investissement sont mis en place par la société de capital-risque, pour élargir la décision à des personnalités extérieures aux partners.

Il est de l'intérêt évident du chef d'entreprise d'identifier les modalités de la prise de décision d'investissement des sociétés de capital-risque qu'il sollicite. Cela lui permettra, comme dans le cas d'une vente de son offre, de bien gérer la «vente» de son projet.

● ● ● *Amélie Faure*

Identifier les modalités de la prise de décision d'investissement

Cela est très difficile, pour deux raisons :
▸ car les partners n'aiment en général pas dire qu'ils ne sont pas seuls à décider;
▸ car les luttes d'influence entre les partners évoluent dans le temps en fonction des derniers dossiers présentés par les uns et acceptés ou refusés par les autres.

Il ne faut pas s'acharner sur ce processus qui restera de toute façon opaque.

À quels enjeux une société de capital-risque est-elle confrontée ?

Quels sont les grands enjeux pour une société de capital-risque? Qu'est-ce qui va la rendre plus ou moins performante? Où et quand peut-elle faire la différence? Revenant au processus, il est aisé de constater qu'une société de capital-risque peut théoriquement agir :

- sur la définition de sa stratégie d'investissement;
- sur la sélection des entreprises qu'elle va accompagner;
- dans la période de suivi;
- à la sortie.

Pour ce qui est de la stratégie, il s'agit de définir une politique d'investissement qui va à la fois :

- Remporter l'adhésion des souscripteurs; c'est eux qui donnent à la société de capital-risque les moyens d'exister.
- S'implémenter facilement. Il faudra trouver un nombre suffisant d'entreprises respectant les critères définis (secteur, localisation, niveau de maturité, etc.).
- S'avérer gagnante. On l'a dit, la société de capital-risque est jugée, comme toute entreprise, sur ses performances, en l'occurrence sur le TRI (taux de rendement interne) qu'elle sera capable de servir à ses souscripteurs. C'est la condition *sine qua non* d'une future levée de fonds.

La sélection des entreprises pose différentes questions :

- De quel «deal-flow» dispose-t-on?

© Groupe Eyrolles

● Quels critères de qualification appliquer ?

Il a déjà été dit que les sociétés de capital-risque ne se contentent pas d'attendre que les entrepreneurs leur proposent des projets ; elles prennent parfois les devants. Pour cela, elles doivent développer des relations privilégiées avec tel ou tel réseau d'entrepreneurs dans lesquels peut se trouver le type de projets qu'elles recherchent : incubateurs, technopoles, club d'entrepreneurs, réseaux d'anciens de telle ou telle école, etc. Mieux la société de capital-risque sera connectée, moins les projets intéressants lui échapperont. L'idéal pour elle étant de disposer d'un accès privilégié (plus ou moins «propriétaire») à l'un de ces réseaux. En effet, sans compétition, un investisseur pourra «payer moins cher» son entrée dans le capital d'une entreprise, et donc maximiser sa plus-value potentielle.

Le «deal-flow» étant établi, la sélection des projets se fait alors

● ● ● *Amélie Faure*

Disposer d'un «deal-flow» suffisant

Pour cela, il y a deux modalités complémentaires :

▸ Avoir fait de belles sorties récentes avec de très belles valorisations : les entrepreneurs toqueront alors à la porte.

▸ Entretenir un cheptel d'entrepreneurs : certains partners cultivent des relations un peu «structurées» (dîners ou conférences régulières) avec un petit groupe de serial entrepreneurs qu'ils financeront plusieurs fois dans leur vie de créateurs.

Le deal-flow représente le véritable nerf de la guerre.

Au moment de la sortie, «la messe est dite»

Je ne suis pas d'accord : en cas de rachat par un industriel, la valeur perçue par l'acheteur pourra varier de 50 % en fonction de l'aptitude du management à valoriser ses réalisations et par une synergie réelle entre le management et les investisseurs initiaux.

sur des critères prédéfinis : respect de la stratégie d'investissement, qualité de l'équipe, taille du marché, etc.

Dans la période de suivi de l'investissement, la société de capital-risque dispose en pratique de moins de leviers pour optimiser sa performance. Ou plutôt, elle doit composer avec l'équipe de management et parfois d'autres investisseurs, ce qui peut rendre la tâche complexe. Quand bien même elle se fait représenter au conseil d'administration, son représentant n'a pas de pouvoir exécutif et doit se contenter de contrôler, et éventuellement conseiller, la direction de l'entreprise. L'enjeu pour la société de capital-risque est ici d'établir une relation forte avec la direction et les différents actionnaires pour partager une même vision de l'entreprise et de son projet, non seulement lors de l'investissement initial, mais également dans toutes les étapes de son développement, jusqu'à la sortie des investisseurs. On reviendra plus loin sur les relations qui peuvent s'établir entre investisseurs et entrepreneurs tout au long du projet.

L'étape de la sortie est bien sûr une étape clé, bien que, de nouveau, la société de capital-risque dispose de peu de leviers pour maximiser sa performance : disons vulgairement que la «messe est plus ou moins dite».

En synthèse, il apparaît que les phases de définition de la stratégie d'investissement, et surtout de sélection des entreprises à financer, sont celles où une grande partie de la performance future se décide. De nombreuses sociétés de capital-risque prennent d'ailleurs la décision d'investir ou non dans une entreprise à l'unanimité des partners, ce qui peut paraître très contraignant, mais souligne l'importance de cette décision. L'entrepreneur qui cherche un partenaire financier doit donc bien comprendre ce qui se joue lorsqu'il entreprend de créer une relation avec un financier, et accepter les «due diligences», voire les anticiper, admettre le process de qualification/sélection, etc.

Quel est le profil type d'un investisseur?

De nombreux travaux de recherche ont été menés pour cerner le profil type de l'entrepreneur. La littérature et les articles de presse abondent sur le sujet. Il serait en effet tellement appréciable de savoir repérer les oiseaux rares pour les former et/ou les encourager à créer des entreprises, de la valeur, des emplois. La lecture des différentes publications nous apprend que les motivations pour créer une entreprise sont en réalité très variées. On y trouve notamment :

- l'envie d'indépendance;
- le besoin de reconnaissance;
- l'envie d'exercer un pouvoir;
- l'envie de créer quelque chose, tout «simplement»;
- l'envie de démontrer que l'on a eu raison sur un produit, une offre, un créneau, etc.;
- l'argent;
- etc.

Mais qui s'est vraiment intéressé au profil du financier, qui finalement, on commence à le voir, joue un rôle clé dans la création et le développement d'un certain nombre d'entreprises technologiques à potentiel? Quel est son profil type (s'il existe)? Quelles sont ses motivations? Loin de moi l'idée de donner ici une réponse scientifique, étayée, à cette question fort complexe. Pourtant, je me risquerais bien à donner un avis, ou plus exactement à faire part des surprises qui ont été les miennes lorsque j'ai commencé à côtoyer ce monde du capital-risque et les financiers qui y vivent.

Première surprise : de quoi parlent deux capital-risqueurs lorsqu'ils se rencontrent? Non pas, comme on pourrait le penser, de finance, non, ils parlent de technologie! Et pas seulement du point de vue des écosystèmes dans lesquels ces technologies se valorisent. Les capital-risqueurs maîtrisent en général assez bien les domaines technologiques dans lesquels ils investissent, ils n'ont pas peur d'«entrer dans la science» et sont à l'aise également lorsqu'il s'agit d'en aborder les aspects industriels, de protection de l'innovation, etc.

Certains profils de capital-risqueurs sont, à cet égard, tout à fait comparables à ceux que l'on trouve dans les grands cabinets d'analyse (IDC, Gartner, etc.). Certains d'entre eux ont développé sur tel ou tel sujet une véritable culture encyclopédique. Du reste, le «background» universitaire des membres d'une équipe d'investisseur est bien plus souvent scientifique que financier, marqueteur ou gestionnaire.

Deuxième surprise : les capital-risqueurs ne sont, pour la plupart, pas des entrepreneurs, mais ils ont, pour les plus expérimentés d'entre eux, une connaissance et une compréhension intime du fonctionnement d'une entreprise technologique en croissance. Connaissance qui n'est pas seulement théorique. En fait, leur participation à divers conseils d'administration les a exposés, non pas au quotidien de l'entreprise, mais à de nombreuses situations «clés» de prise de décision stratégique. Ce vécu «d'observateur impliqué» leur permet d'apporter des conseils parfois très pertinents aux entrepreneurs qui savent les écouter.

À retenir

C'est parce qu'il aura compris qui sont ses interlocuteurs qu'un entrepreneur saura parler de son projet et le vendre aux financiers. Attention, il y a autant de profils, et donc de raison de faire ou de ne pas faire un investissement, qu'il y a d'investisseurs. Untel, qui est plutôt interventionniste (on appelle cela «hands on»), aimera un dossier parce qu'il percevra la valeur qu'il peut y apporter. Un autre, au contraire, qui recherche des projets très aboutis, le rejettera car il aura peur de devoir y passer trop de temps. La difficulté étant qu'au sein d'une même société de capital-risque cohabitent en général différents profils d'investisseurs!

Troisième surprise : les capital-risqueurs parlent bien entendu d'argent, mais ils parlent plus volontiers de création de valeur. On verra plus loin, dans la deuxième partie, que le financier, contrairement à bien des entrepreneurs, n'est pas uniquement focalisé sur le chiffre d'affaires ou la rentabilité de l'entreprise. Il pense surtout à la valeur que celle-ci peut prendre (en développant de nouveaux produits, en créant des alliances stratégiques, en développant une marque, en «capturant» une clientèle, etc.) et qu'il convertira en monnaie sonnante et trébuchante dans une opération de sortie.

Alors, pourquoi devient-on capital-risqueur ? Il n'y a bien sûr pas de réponse unique, comme pour les entrepreneurs. Cela peut être :

- l'envie de participer au développement de la société de capital-risque elle-même, véritable petite PME, comme on l'a vu plus haut ;
- l'envie de participer à la création d'entreprises technologiques, tout «simplement», même indirectement ;
- l'envie de participer à plusieurs aventures entrepreneuriales en même temps ;
- une préférence pour la situation «d'observateur impliqué», lorsqu'il s'agit d'accompagner les entreprises financées ;
- l'envie de démontrer que l'on a eu raison sur un produit, une offre, un créneau, etc. ;
- l'argent ;
- etc.

Amélie Faure

Première surprise : la culture technologique

Un grand nombre de VCs ont une véritable fascination pour les «belles technos». Allons même jusqu'à dire une passion.

Deuxième surprise : les capital-risqueurs ont une expertise dans les situations clés de prise de décision stratégique

C'est vrai, mais il leur manque souvent le filtre de la perception du degré de stress ou de maturité de l'équipe, que seul le management peut avoir. Il faut donc tenir compte de leurs conseils, mais ne pas les laisser décider à la place du management. C'est aux entrepreneurs d'assumer cette responsabilité.

Troisième surprise : pourquoi devient-on capital-risqueur ?

On le devient souvent aussi en vertu d'une certaine fascination pour ces bêtes étranges que sont les entrepreneurs sans en être un soi-même.

Qu'y a-t-il dans la tête
d'un capital-risqueur?

C'est une question à un million de dollars; nombre d'entrepreneurs aimeraient pouvoir répondre. Comment séduire un financier, quels sont les mots clés qu'il aime entendre? Quelle attitude recherche-t-il? Quels pièges faut-il éviter? Existe-t-il un sésame?

Un des meilleurs investisseurs de la côte Ouest américaine, sinon le meilleur, KPCB (Kleiner Perkins Caufiel and Byers), fournit quelques éléments de réponse sur son site Internet[1]. Je reproduis *in extenso* et sans commentaire ce qui est présenté comme les «**Kleiner's Laws**» :

- «Make sure the dog wants to eat the dog food. No matter how ground-breaking a new technology, how large a potential market, make certain customers actually want it.

- Build one business at a time. Most business plans are overly ambitious. Concentrate on being successful in one endeavor first.

- The time to take the tarts is when they're being passed. If an environment is right for funding, go for it.

- The problem with most companies is they don't know what business they're in.

- Even turkeys can fly in a high wind. In times of strong economies, even bad companies can look good.

---

1. www.kpcb.com

- It's easier to get a piece of an existing market than to create a new one.
- It's difficult to see the picture when you're inside the frame.
- After learning some of the tricks of the trade, some people think they know the trade.
- Venture capitalists will stop at nothing to copy success.
- Invest in people, not just products. »

Au-delà du site de KPCB, j'engage les entrepreneurs qui souhaitent découvrir le fond de la pensée des investisseurs à parcourir certains sites Internet, notamment celui de Intel Capital, « Key steps Before Talking to Venture Capitalists » (voir annexe 3) et les liens qui y sont proposés, ou à lire des livres tels que celui de Bernard Maître et Grégoire Aladjidi, *Les Business Models de la nouvelle économie*[1].

Laurent Kott

Un fameux entrepreneur, Guy Kawasaki, dont on ne peut que recommander la lecture du livre *L'Art de se lancer : le guide tout-terrain de tout entrepreneur* a rassemblé les dix mensonges les plus fréquemment entendus par les capital-risqueurs :

1. « Our projections are conservative. »
2. « (Big name research firm) says our market will be $50 billion in 2015. »
3. « (Big name company) is going to sign our purchase order next week. »
4. « Key employees are set to join us as soon as we get funded. »
5. « No one else is doing what we're doing. »
6. « No one else can do what we're doing. »
7. « Hurry, because several other VC firms are interested. »
8. « Oracle is too big/dumb/slow to be a threat to us. »
9. « We have a proven management team. »
10. « All we have to do is get one percent of the market. »

Allez voir les commentaires de G. Kawasaki sur son site pour éviter de tomber dans ce traquenard.
(www.entrepreneur.com/money/financing/venturecapital/article174642. html).

---

1. Bernard Maître et Grégoire Aladjidi, *Les Business Models de la nouvelle économie*, Dunod, 1999.

Dans quel écosystème une société de capital-risque se situe-t-elle ?

Une société de capital-risque, comme toute entreprise, est entourée d'un certain nombre de prestataires, intervenant à différentes étapes du processus.

On pense bien sûr aux avocats, qui vont participer aux audits juridiques des entreprises susceptibles d'être financées. Ils interviennent également dans les négociations qui ont lieu au moment de l'investissement, puis dans la rédaction des différents documents : modification des statuts, pacte d'actionnaires, garantie de passif, contrat d'investissement, etc.

Interviennent en outre des cabinets d'audits qui valident les chiffres passés de l'entreprise (CA, résultat, situation, etc.) et parfois les chiffres du business plan.

Participe à l'écosystème tout un réseau d'experts qui seront sollicités au cas par cas pour valider ou invalider un positionnement, une technologie, une stratégie de protection industrielle, etc.

Certains investisseurs organisent, en s'appuyant sur des tiers, des comités d'investissement, qui participent aux discussions et parfois aux décisions d'investissement de la société de gestion. Des «technology advisory boards»

● ● ● *Amélie Faure*

Les réseaux qui permettent de sourcer les dossiers

Parmi ces réseaux, il y a le réseau des sociétés de capital-risque entre elles : elles jouent en général les dossiers à plusieurs pour partager le risque, et ce en fonction d'expériences passées sur d'autres investissements. Il y a donc le réseau des VCs «amis».

peuvent également être constitués et seront sollicités pour définir de nouveaux champs de recherche de dossier, pour valider la pertinence scientifique et technique de certaines entreprises pressenties pour être financées, etc. Enfin, des réseaux permettent de «sourcer» les dossiers sur lesquels la société de capital-risque investira peut-être.

En conclusion

Le lecteur aura compris qu'une société de capital-risque est une entreprise comme les autres, avec ses clients, ses partenaires, ses objectifs, son organisation, etc., et qu'elle est baignée dans l'écosystème des entreprises technologiques de croissance, en totale congruence avec ce milieu.

Sur le plan sociétal, les entreprises de capital-risque participent très concrètement à l'essor d'une certaine catégorie d'entreprises, très fortement créatrices de valeur et d'emploi. *La Tribune* du 24 novembre 2005 titrait : «Le Capital investissement a créé un million d'emplois en cinq ans.» Ce chiffre représente l'ensemble des emplois créés par les entreprises financées au sein de l'Europe des vingt-cinq (plus la Suisse et la Norvège), sur la période 2000-2004. C'est un chiffre net, c'est-à-dire incluant les réductions d'effectifs sur cette période. Le segment des start-up, financées par le capital-risque, est à lui seul responsable de 630 000 des emplois créés sur le million.

● ● ● *Laurent Kott*

Vision «portefeuille» du VC versus vision «unique» de l'entrepreneur

Il y a une différence irréductible entre un capital-risqueur et un entrepreneur. Celui-ci ne s'intéresse qu'à UNE entreprise, celui-là s'intéresse à un portefeuille d'entreprises. Même si chaque investissement a été fait avec l'espoir fort de voir la société réussir, le capital-risqueur connaît les statistiques sur le «taux de mortalité», sur les valorisations, etc. Il sait que dans son portefeuille, une société sur dix fera un «beau multiple» et son objectif est de détecter le plus tôt possible cette pépite. L'entrepreneur, lui, veut montrer et démontrer que sa société est LA pépite. Il faut être conscient de cette différence de point de vue car elle apparaîtra nécessairement dans les discussions qui auront lieu au cours de la vie commune entre capital-risqueur et entrepreneur.

Certains entrepreneurs pensent que les capital-risqueurs sont comme les Shadoks. Sachant qu'un lancement de fusée sur 100 réussit, les savants Shadoks se dépêchent de rater 99 lancements afin que le centième soit le bon. Je peux vous assurer que les capital-risqueurs ne se dépêchent pas de faire neuf mauvais investissements pour être sûrs que le dixième soit la fameuse pépite !

Meilleurs seront les financiers, plus pertinents seront leurs investissements, meilleure sera la création de valeur et d'emploi. L'enjeu est donc de taille.

Comment réussir ma levée de fonds ?

Soyons clairs, sociétés de capital-risque et entrepreneurs ont vocation à être associés, et donc à partager une même vision et les objectifs de l'entreprise. Mais cela ne veut pas dire que leurs rapports sont exempts de tensions. Ces tensions, naturelles, s'expriment dès lors qu'il est question de la géographie du capital, de la valeur de l'entreprise, et de décisions ou d'opérations susceptibles d'impacter cette valeur. Des négociations s'engagent alors pour aboutir à des compromis et libérer ces tensions.

L'objectif de cette deuxième partie est de balayer un certain nombre de questions, parmi celles qui me sont le plus souvent posées par des entrepreneurs. L'idée n'étant pas nécessairement d'y apporter une réponse unique et absolue, mais plutôt de donner à l'entrepreneur des clés pour qu'il se forge lui-même les réponses, en fonction du contexte.

À quoi sert
un leveur de fonds?

La réponse à cette question dépend beaucoup de l'entrepreneur, de son expérience, de ses contacts dans le milieu des financiers, et du temps qu'il peut consacrer à l'activité de levée de fonds.

Il faut, pour répondre, garder à l'esprit plusieurs éléments clés :

- Les capital-risqueurs sont, compte tenu de leur petit nombre, très sollicités. Ils vont donc, pour éviter de perdre du temps, avant tout regarder les dossiers sur lesquels ils ont *a priori* quelques chances d'aboutir, et privilégier les propositions qui leur sont apportées, recommandées, par des personnes ou des organisations connues et reconnues. Je me souviens d'une belle société européenne de logiciel qui avait envoyé à un grand nombre de capital-risqueurs américains un business plan, sans obtenir aucun signal de retour. Or, quelques semaines après cet envoi, le P.-D.G. de cette entreprise rencontra un de ses amis qui avait de solides relations dans la Silicon Valey parmi les venture capitalists, et lui fit part de ses déboires. Cet ami proposa de servir de relais. Il reprit le même business plan que celui qui avait été envoyé initialement et l'adressa à quelques-unes de ses relations. Le P.-D.G. fut contacté quelques jours plus tard par plusieurs financiers, ceux-là mêmes qui avaient reçu une première fois le dossier, sans probablement ne jamais l'ouvrir!

- Un financier rencontre des centaines d'entrepreneurs par an et suit, directement ou indirectement, des dizaines d'opérations d'investissement. L'entrepreneur, de son côté, n'aura dans sa vie à négocier qu'un très petit nombre de fois avec des investisseurs. Le rapport de force est du coup assez déséquilibré. Le leveur de fonds peut donc apporter son expérience et aider au rééquilibrage de la négociation.

- Sauf cas exceptionnel, les investisseurs se trouvent le plus souvent dans des situations de compétition faible sur un dossier, ce qui de nouveau déséquilibre le rapport de force dans la négociation avec l'entrepreneur. La présence d'un leveur de fonds peut alors s'avérer très utile.

- Pour bien négocier, il est important de bien connaître son interlocuteur. Cet ouvrage permettra aux entrepreneurs, je l'espère, de mieux comprendre le fonctionnement d'une société de capital-risque; ses enjeux, ses codes, sa culture. Mais, au-delà des processus, des règles, etc., il y a des hommes. Les leveurs de fonds peuvent avoir développé, au cours de leur activité, des relations plus ou moins fortes avec certains membres d'équipes de gestion ce qui, de nouveau, peut faciliter grandement les négociations.

- La rédaction d'un business plan est un exercice qui prend beaucoup de temps : recherches d'information, analyses, rédaction elle-même. Les prises de contacts, puis la relance des financiers ayant montré des marques d'intérêt demandent également de l'énergie. Le processus de la levée de fonds peut être long (six à huit mois sont courants) et parfois usant. Or, ceci vient se cumuler avec le «business as usual» que l'entrepreneur ne doit pas (et souvent ne peut) négliger. Un leveur de fonds va donc prendre en charge ce surcroît de travail et ne sollicitera l'entrepreneur qu'aux moments clés.

- Le dirigeant d'une entreprise de croissance est par nature très proche de son business, voire «noyé» dedans, ce qui ne l'aide pas à formuler sa vision, son marché, son offre, etc. Un leveur de fonds va donc aider à la prise de recul et à la reformulation du projet de l'entreprise. Il permettra aussi à l'entrepreneur d'adopter l'angle de vue des financiers sur ce projet.

- Il est parfois pertinent, dans une négociation, de «mettre en scène» deux types de personnages : le gentil et le méchant. Le fait pour un entrepreneur de passer par un intermédiaire peut lui permettre d'endosser les habits du «gentil» et de laisser son leveur de fonds jouer «les gros bras». Ceci est d'autant plus important qu'une fois la négociation achevée, investisseurs et entrepreneurs auront à travailler ensemble durant de longues années. Mieux vaut donc préserver la qualité de la relation.

On le voit, de nombreuses raisons poussent l'entrepreneur à s'appuyer sur un partenaire pour l'aider dans sa recherche de financement. Il devra garder en mémoire que :

- Cela coûte de l'argent. Les honoraires sont le plus souvent répartis en une partie fixe (le «retainer») et une partie variable («success fee»), calculée comme un pourcentage des sommes levées. Certains leveurs souhaitent être rémunérés uniquement en fixe, d'autres uniquement en variable. Les ordres de grandeur sont de quelques dizaines de milliers d'euros pour le «retainer» et de 3 à 5 % pour le «success fee», sachant que l'on peut négocier des planchers et des plafonds sur cette partie variable.

- Cela prend quand même du temps. Même s'il s'attache les services d'un leveur de fonds, l'entrepreneur reste sollicité lors de la rédaction du business plan, des présentations faites aux investisseurs, dans les phases clés de la négociation, puis lors du «closing».

- Comme dans toute profession, il y a de bons intermédiaires, et de moins bons. L'entrepreneur doit donc prendre le temps de choisir les partenaires avec lesquels il souhaite travailler, noter des références, contrôler, etc.

> **Mon conseil**
>
> À moins qu'ils aient déjà l'expérience d'une levée de fonds, du développement réussi d'une entreprise, et qu'ils soient très bien «connectés» avec le monde des financiers, je recommanderais aux entrepreneurs de faire appel à des professionnels pour les aider dans leur levée de fonds : ils y gagneront du temps et de l'énergie, et, mieux encore, ils optimiseront la valeur de leur entreprise et donc limiteront leur dilution lors de l'augmentation de capital.

Amélie Faure

Leveur de fonds et business plan

Je ne suis personnellement pas convaincue de l'efficacité d'un leveur de fonds : prendre un conseil pour sélectionner les bons fonds et disposer d'une lecture critique du business plan, peut-être. Mais je crois qu'il y a une vraie vertu à écrire soi-même son business plan : se poser et répondre à toutes les questions difficiles, avoir remâché cent fois les chiffres et savoir les défendre point à point, connaître ses compétiteurs et savoir en parler. Bref, être crédible. Et comment l'être si le business plan (BP) est l'œuvre d'un autre ?

Qu'est-ce qu'un bon business plan (sur la forme)?

Comme le titre l'indique, nous essayons de présenter ici quelques clés de lecture d'un business plan par des investisseurs, non pas sur le fond du projet, mais sur la forme du document. En sachant que ce n'est pas la forme qui garantit à elle seule de faire un deal, mais que c'est elle qui est parfois la cause d'un échec.

Le premier point à garder à l'esprit pour l'entrepreneur est qu'il peut être amené à rédiger, selon la destination, non pas un, mais des business plans :

- Le premier type de BP a pour destinataires l'entrepreneur lui-même et ses collaborateurs proches, avec pour objectif un partage formel de la vision, la mission, le marché, le plan d'action, les chiffres clés, etc. du projet entre ces différents acteurs. Ce document est remis à jour régulièrement (tous les trois mois par exemple) en

● ● ● *Laurent Kott*

La belle histoire

Un business plan est dans la forme (et dans le fond) une « belle histoire » qu'il faut savoir raconter. C'est un scénario qu'il faut « vendre » à des producteurs, à des stars, à des distributeurs, etc. Il doit faire rêver et il peut être ambitieux, il doit surtout être « cohérent ». En lisant un business plan, le capital-risqueur doit y croire comme le lecteur de polar, de science-fiction, de western, de conte de fées croit à l'histoire qu'il lit sans se poser la question de son « réalisme ».

Cette cohérence doit se retrouver dans et entre les réponses aux trois questions que se pose tout entrepreneur :

- ▶ Qu'est-ce que je vends ?
- ▶ À qui je le vends ?
- ▶ Comment je le vends ?

Un business plan n'est pas dans la forme (comme dans le fond) une succession de tableaux Excel. Méditez cette assertion : *« Excel, le logiciel de réalité virtuelle le plus vendu au monde ! »*

fonction des retours terrain, des résultats atteints, de l'évolution du contexte, etc. Il permet à l'équipe dirigeante d'évaluer de façon «objective» sa progression dans le projet.

- Autres destinataires possibles, et autres BP : des tiers que l'entrepreneur souhaite informer de son projet. Cela peut être des fournisseurs stratégiques, des candidats à des postes clés, des organismes de soutien, etc.
- Autre nature de destinataires enfin : les futurs partenaires financiers.

Il est facile d'imaginer que les différents destinataires ayant des attentes distinctes, les business plans qui leur seront présentés ne seront pas les mêmes.

Alors, qu'en est-il des financiers ? Quelles sont leurs attentes ?

En terme de structure

Il faut garder à l'esprit que les investisseurs qui reçoivent un dossier veulent au préalable savoir, avant même de rentrer à proprement parler dans la lecture de celui-ci, si le projet répond à quelques-uns de leurs grands critères d'investissement, assez objectifs, et ce pour faire un premier tri :

- Activité de l'entreprise : biotechnologie, «medical device», software, Internet, etc.
- Niveau de maturité du projet : R & D, amorçage, lancement commercial, déploiement national, passage à l'international, etc.
- Localisation géographique.
- Taille du marché.
- Potentiel de l'entreprise.
- Qualité de l'équipe dirigeante : légitimité, expérience.

Amélie Faure

La forme d'un bon business plan

Faire simple, simple et simple. Mais que cela est difficile ! Dans trois dossiers sur quatre, on parvient péniblement à la fin d'un document indigeste sans comprendre ce que fait le service ou le produit proposé et quelle est son originalité !

Une manière de répondre à cette première attente est de structurer le business plan en trois parties :

- D'abord, un «executive summary», d'une à deux pages, qui couvre de manière factuelle et synthétique les points ci-dessus. Il permet de savoir très vite si le dossier est potentiellement dans sa cible ou non (voir également la fiche « *Quels sont les critères d'investissement généralement constitués par les investisseurs ?*», p. 45).

- Ensuite, le corps du document, d'une dizaine de pages, qui étaye les questions précédentes et complète l'information (voir plus bas).

- Enfin des annexes, qui donnent des détails et consolident le document.

En terme de contenu

Les points principaux à aborder dans le business plan sont les suivants :

- Activité. Il s'agit de répondre à la question : «À qui (la cible) et à quel problème la société apporte-t-elle une solution?»

- Marché. Les points principaux à aborder sont les suivants :
  - La cible est-elle solvable?
  - La solution entre-t-elle dans une ligne budgétaire?
  - Quelle est la taille de la cible? En nombre? En volume d'affaires? Comment évolue-t-elle?
  - Comment et à quel coût peut-on accéder à la cible?
  - Quels sont les concurrents? Existants, potentiels? Y a-t-il des solutions de substitution?

- Solution. Ici les grandes questions sont :
  - Quelle est la solution proposée?
  - À quel coût peut-on la produire?
  - Comment se positionne-t-elle dans la chaîne de valeur?
  - Comment se positionne-t-elle par rapport aux concurrents? Qu'apporte-t-elle de plus?

- Équipe. L'idée est de présenter les porteurs du projet ainsi que les personnes clés : quelle est leur légitimité par rapport au sujet ? Quelle est leur expérience ?

- Business model. Pour ce qui est du business model, on retient principalement les questions :

  - Quel est le modèle de revenu, autrement dit, comment l'entreprise compte-t-elle monétiser sa solution ?

  - Quelles sont les grandes variables du business model et quelles sont les hypothèses retenues ? Principaux coûts (R & D, production, mise en œuvre, marketing, vente, administratif et financier). Principaux revenus. Principaux délais : cycle de vente, délai de production, durée de mise en œuvre, etc.

  - Quelle est la sensibilité du modèle ? Sur quelle variable/hypothèse ?

- Chiffres clés. Sans exposer un compte d'exploitation détaillé (que l'on peut annexer), l'idée est de présenter, sur 4 à 5 ans, le chiffre d'affaires, les charges d'exploitation, le résultat, la situation de trésorerie, plus un ou deux indicateurs clés du projet.

- Principales réalisations – Références clients – «business case». Les clients, quand il y en a, sont les meilleures références qu'il soit possible de donner, surtout lorsque

---

Mon conseil

Beaucoup de choses ont été dites et écrites sur les business plans. Des livres entiers y ont été consacrés. Et l'on a pu entendre ou lire à ce sujet tout et son contraire : «Cela ne sert à rien», «C'est un pur exercice de divination», «On peut faire dire ce que l'on veut aux chiffres, le papier ne refuse pas l'encre», etc. Et, à l'opposé : «Tout doit y être détaillé», «C'est la bible du projet et de l'entrepreneur», etc.

Pour ma part, j'aborde un business plan comme un outil de communication. Je pense que l'exercice de rédaction d'un tel document est essentiel à l'entrepreneur, car cela lui permet de fixer ses idées, de les partager, et donc de les valider ou au contraire de les rejeter. Le business plan est par là même un document qui doit évoluer régulièrement, s'ajustant au fur et à mesure de la maturation du projet puis du développement de l'entreprise. Un vieux briscard du capital-risque disait : «En fait, il y a trois business plans : celui que rédige l'entrepreneur, que l'on déchire quand il vient nous voir, celui que l'on rebâtit avec lui, et que l'on met à la poubelle une fois que l'on est d'accord sur une vision de l'entreprise et de son développement, et celui qui se déroule réellement dans l'exécution du projet.»

l'on peut démontrer le caractère «répétable» du business qui a été fait avec eux.

- Montants levés et usage des fonds.
- Stratégie de sortie des investisseurs. Deux points sont principalement à aborder :
  - Quelle valeur est-elle créée à terme? Quel chiffre d'affaires? Quel résultat d'exploitation? Quel parc client? Quelle technologie? etc.
  - Quel type de sortie faut-il envisager? Rappelons que le métier de capital-risque n'existe pas sans «exit». Il peut être pertinent de présenter, lorsqu'il y en a, des sorties déjà réalisées sur des projets comparables.

De manière générale

Les business plans sont en vérité, à plus d'un titre, des fictions (« *Ce qui est construit par l'imagination. Œuvre artistique, littéraire*»). Plus le projet est jeune, voire à son démarrage, plus le BP ne présente en fait que des hypothèses et des croyances. Et même lorsque l'entreprise est mature, le futur n'est jamais certain. Le rédacteur de tels documents se doit donc :

- de faire preuve d'une grande rigueur de raisonnement;
- d'utiliser des sources d'information de qualité;
- de recourir au benchmarking, lorsque cela est possible, tout en gardant à l'esprit que « *comparaison n'est pas raison*».

De fait, le rôle du financier, à la lecture du business plan, n'est pas de se rassurer sur la réalité du futur annoncé, mais plutôt de faire la part entre ce qui est un fait et ce qui est une hypothèse, de mesurer la solidité de ce qui reste des hypothèses, et d'en déduire un risque. Ce paramètre sera déterminant dans sa décision d'investir ou non, et dans la valorisation et le montage financier qu'il proposera.

Faut-il envoyer son business plan à un nombre restreint de VCs ou faut-il « arroser le marché » ?

Plusieurs éléments doivent être pris en compte par l'entrepreneur :

- Tout d'abord, on l'a vu, tous les investisseurs ne recherchent pas le même type de dossier. Il doit donc y avoir une sélection des cibles, avant tout envoi.

- Par ailleurs, il est bon de procéder en deux étapes : une première, restreinte à deux ou trois investisseurs, va servir de «test» et permettre d'affiner le discours et le business plan, puis une seconde, plus large. Il arrive que la première étape révèle à l'entrepreneur qu'il se présente un peu tôt sur le «marché» du financement. En ayant ouvert à peu d'investisseurs son dossier, il préserve une certaine nouveauté, toujours valorisée par des financiers qui auront tendance à rejeter les projets qui ont beaucoup circulé sans trouver preneurs.

  ● ● ● *Amélie Faure*

  Ce qui est rare est cher

  C'est vrai, mais pas dans ce drôle de monde. Même avec un dossier moyen, allez dans la Silicon Valley doté d'un culot monstre, frappez à toutes les portes, parlez des uns aux autres et faites monter la mayonnaise. Si vous êtes bon, ça a une bonne chance de marcher. Car le stress suprême pour un VC est de se faire coiffer sur le poteau par un autre VC. Allez-y à fond !

- «Ce qui est rare est cher.» Ce dicton populaire s'applique également au monde du financement. Un investisseur appréciera une sorte d'exclusivité et s'engagera plus difficilement dans un dossier sur lequel il s'expose à une large compétition.

- Le temps est une denrée précieuse. Il peut être coûteux pour l'entrepreneur de suivre trop de contacts en parallèle.

- Le «time to market» est un élément souvent déterminant pour la réussite des entreprises technologiques de croissance. Il est parfois plus dangereux d'attendre le «partenaire idéal» que de conclure avec un partenaire acceptable. Gardons à l'esprit qu'une augmentation de capital peut se faire par étapes.

- Les financiers intéressés vont demander à faire des «due diligences», et donc, entre autres choses, vont souhaiter rencontrer les équipes, des clients, des partenaires, etc. La multiplication de ces sollicitations peut parfois gêner ces différents acteurs.

À l'opposé :

- Comme dans tout recrutement, il est bon d'avoir le choix. L'entrepreneur devra donc, dans la mesure du possible, élargir la diffusion de son dossier pour être en situation de sélectionner son ou ses futurs partenaires.

- Lorsque le dossier présenté est attractif, une véritable enchère peut se mettre en place entre financiers, au profit de l'entrepreneur : moindre dilution, conditions du pacte d'actionnaires plus légères, etc.

- Élargir la diffusion d'un dossier, lorsque l'on est sûr de sa qualité, peut parfois être un facteur d'accélération de l'opération, l'entrepreneur établissant alors une «short list» de partenaires potentiels dès que sont exprimées les premières marques d'intérêt des financiers.

À éviter

Outre le nombre d'investisseurs auxquels le dossier est envoyé, il est bon de maîtriser également le temps pendant lequel le dossier «reste sur le marché». Le monde du financement des entreprises technologiques est petit. Rien n'est pire qu'un dossier qui, au fil du temps, est vu par tous les investisseurs de la place sans trouver d'écho. L'information circule vite et, bientôt, plus personne n'ose prendre le contre-pied de l'opinion générale (il est en effet difficile d'avoir raison tout seul). L'entrepreneur doit donc procéder par vagues successives. Le dossier est envoyé dans un premier temps à une demi-douzaine de financiers bien ciblés. Sans marque d'intérêt, il est retiré du marché pendant 6 à 12 mois, avant une éventuelle deuxième vague.

Les investisseurs me disent que mon dossier est bon mais ne souhaitent pas investir. Pourquoi ? Leur réponse est-elle uniquement « politiquement correcte » ?

Le nombre d'entreprises technologiques qui trouvent du financement auprès des sociétés de capital-risque est très faible (169 entreprises ont conclu un premier tour de financement en France en 2005, selon Chausson Finance). Pour autant, et heureusement pour notre économie, ce sont des centaines d'entreprises (et de très performantes) qui naissent et se développent tous les ans dans l'Hexagone. Mais nous l'avons vu plus haut, les investisseurs définissent pour chaque fonds géré une stratégie d'investissement et doivent s'y tenir. Tous les dossiers qui leur sont présentés ne rentrent pas forcément dans cette stratégie.

● ● ● *Amélie Faure*

Ne pas hésiter à faire un post mortem

Lors d'un meeting en face-à-face, prendre le temps et demander aux financiers de prendre le temps (plus dur) d'analyser en détail les freins qui les ont conduits à refuser. Cela vous aidera à :

- Prendre conscience d'un éventuel problème de fond qu'il vaut mieux découvrir à ce stade plutôt que de se lancer dans un « mauvais » projet.
- Anticiper les points à adresser lors des présentations suivantes du BP.
- Développer des relations de qualité pour d'éventuels projets futurs.

Les financiers ne pratiquent donc pas nécessairement la langue de bois lorsqu'ils encouragent un entrepreneur à poursuivre son aventure, et peuvent être parfaitement sincères en jugeant le projet très bon, tout en expliquant qu'ils ne souhaitent pas le financer.

Je renvoie le lecteur à la fiche « *Quels sont les critères d'investissement sur lesquels s'appuient les financiers?* » p. 45, où il constatera que l'industrie du capital-risque est soumise à des contraintes qui la conduisent à rechercher un type d'entreprises très particulier.

— À éviter —

Il n'est jamais agréable d'essuyer un refus, quelle qu'en soit la raison. Mais le pire est d'entretenir une relation qui n'aboutira pas, ou très tardivement : on y perd beaucoup de temps. Or, il arrive que des investisseurs jugent un dossier intéressant et souhaitent s'y impliquer mais, gérant un fonds déjà très investi et n'ayant pas encore levé le suivant, qu'ils n'aient pas les moyens de s'engager auprès de l'entrepreneur. Difficile pour eux de fermer la porte ! Ils espèrent que la levée en cours leur permettra de faire le deal. C'est à l'entrepreneur d'être curieux et de comprendre ce qui se cache derrière des marques d'intérêt qui ne se concrétisent pas.

Quels sont les critères d'investissement sur lesquels s'appuient les financiers ?

Pour être sélectionné, un dossier doit répondre à un grand nombre de critères de natures très différentes :

- adéquation avec la stratégie d'investissement et le niveau de maturité du portefeuille ;
- respect des critères généraux d'investissement ;
- qualités propres du projet.

Pour ce qui est du premier point, on a vu en première partie de cet ouvrage que, dans la phase de sélection des dossiers, une société de capital-risque faisait en quelque sorte du «picking» pour constituer un portefeuille qui réponde à sa politique d'investissement : secteurs d'activité, secteurs géographiques, type de risques, taille du ticket d'entrée, etc. Par ailleurs, un même dossier sera ou non recevable selon qu'il se présente au début ou à la fin de la période de gestion de fonds, et selon que des dossiers comparables ont déjà été sélectionnés en nombre suffisant ou pas. On le voit, un entrepreneur a tout intérêt à bien identifier la stratégie de gestion et le niveau de maturité des portefeuilles de ses interlocuteurs financiers pour évaluer le potentiel d'aboutissement d'une démarche de levée de fonds avec eux.

En ce qui concerne les critères généraux d'investissement, disons que l'on retrouve presque systématiquement chez tous les investisseurs :

- La qualité de l'équipe dirigeante : légitimité de l'équipe par rapport au projet, expérience de chacun des membres de l'équipe, cohésion de l'équipe et historique en tant que groupe, expérience de la création d'entreprise (profil de serial entrepreneurs), expérience de la relation avec des investisseurs, capacité d'évolution, etc. Ce critère de qualité de l'équipe dirigeante est probablement l'un des plus importants dans la décision d'investir. Une bonne équipe sur un projet qui s'avère médiocre au départ peut toujours «s'en tirer» et saura gérer les situations délicates, internes ou externes à l'entreprise. Une équipe «moyenne» sera vite désemparée face à des situations imprévues ou dans des contextes économiques délicats.

- Le potentiel de marché : les investisseurs fuient en général les niches («les marchés de niches sont des marchés de chiens») qui ne laissent bien souvent pas de seconde chance en cas de problème de positionnement de l'offre; concurrence plus forte que prévue, marché moins mature qu'espéré, produit légèrement décalé de la cible, etc. Ils sont

● ● ● *Amélie Faure*

«Must have ?»
«Time to market ?»
«Différenciation ?»

Voilà le trio gagnant d'un «bon» projet. Avant de présenter un dossier à un investisseur, l'essentiel est d'avoir répondu soi-même et de façon convaincante à ces trois questions. Si les réponses ne vous semblent pas sûres à 100% : changez juste de projet !

très vigilants sur le fait que l'offre de l'entreprise relève plus du «must» que du «nice to have». Ils sont également très sensibles au «time to market» : la bonne idée trop tôt ou trop tard est très rarement une bonne idée. Ils sont enfin très sensibles à la «différenciation» de l'offre de l'entreprise par rapport aux offres concurrentes ou alternatives.

- Les barrières à l'entrée : le scénario idéal d'investissement est celui dans lequel la société financée dispose de propriétés intellectuelles ou d'accords d'exclusivité qui font de son offre quelque chose d'unique sur le marché. Cela reste rare.

- Le potentiel de valorisation de l'investissement : la vocation des sociétés de capital-risque est de sortir du capital des entreprises qu'elles financent. Les investisseurs sont donc, dès l'instruction d'un dossier, focalisés sur la sortie, c'est-à-dire sur l'identification d'industriels, acheteurs potentiels, sur la possibilité ou non de cotation en Bourse, etc. L'horizon de sortie doit également être compatible avec la durée de vie du fonds et son niveau de maturité.

- Le TRI (taux de rendement interne) ou le multiple «espéré» : les entrepreneurs sont souvent surpris par l'ambition des investisseurs à ce sujet, qui expliquent assez fréquemment attendre un multiple de 5 à 10 sur leur projet. Pour comprendre cela, il suffit de se livrer à un petit exercice arithmétique, en «jouant» avec le tableau suivant.

Scénario d'investissement

Montant géré	100		
Frais de gestion	20		
TRI hypothèse 1	20 % /an	À rendre après 8 ans	**430**
TRI hypothèse 2	30 % /an	À rendre après 8 ans	**816**

Montants investis	Multiple	Valeur à 8 ans	
8	0	0	
8	2	16	
8	2	16	
8	3	24	
8	5	40	**Total**
8	5	40	**432**
8	6	48	
8	6	48	
8	10	80	
8	15	120	

Imaginons une société de capital-risque qui lève et gère 100. Imaginons que les différents frais de gestion représentent 20 sur une période de huit ans. Faisons alors l'hypothèse que cette société va réaliser 10 prises de participation d'un montant de 8 chacune. Elle doit se préparer, quelle que soit la qualité de la sélection de ses dossiers, au risque de perdre son investissement une fois sur 10, d'obtenir une performance faible ou moyenne sur 3 dossiers (multiple 2 ou 3), ce qui lui impose pour équilibrer de faire une excellente opération avec le reste du portefeuille. De par la réalité statistique du métier d'investisseur, la performance moyenne d'un fonds tient généralement au fait qu'au moins une des entreprises du portefeuille fasse ce que les Anglo-Saxons, grands amateurs de base-ball, appellent un «home run». Connaissant ces statistiques, les financiers recherchent des dossiers présentant un très fort potentiel de création de valeur.

Mais une autre manière pour un investisseur de s'assurer d'un bon TRI est de rentrer dans le capital de l'entreprise sur une valorisation raisonnable. Le «prix d'un dossier» est donc également un critère de sélection.

Enfin, dernier critère de sélection, mais pas des moindres, les qualités propres au projet. Le métier d'investisseur est un métier essentiellement humain, et l'on ne peut nier que le choix d'un investissement, toutes choses étant égales par ailleurs, passe aussi par :

- le développement d'un *affectio societatis* qui s'applique autant au projet lui-même (couple produit/ marché) qu'à l'équipe de direction de ce projet;

- un élan entrepreneurial pour le projet;

- une «croyance» dans le potentiel financier du projet (même si les due diligences apportent des réponses objectives sur ce point, il reste que le mot «capital-risque» comprend le mot «risque»).

L'entrepreneur qui recherche un financement ne peut occulter ce dernier aspect de la sélection du dossier et doit donc aborder ses futurs partenaires financiers comme il aborderait de futurs associés.

— Mon conseil —

Le temps est une denrée rare. Il est donc particulièrement important pour un entrepreneur de déterminer au plus vite si son dossier entre ou non dans le spectre des dossiers recherchés par un financier. Inutile d'envoyer le business plan d'une entreprise de télécoms à une société de capital-risque gérant un fonds «clean tech»! Et lorsque cela est plus subtil, il est facile de poser quelques questions pour déterminer si un dossier est dans la cible ou pas : Quelles sont les entreprises que vous avez financées? Quels sont les dossiers que vous avez regardés? Pourquoi ne les avez-vous pas financés? etc.

● ● ● *Amélie Faure*

Comprendre ce scénario d'investissement

C'est comprendre des comportements qui peuvent être déroutants pour les entrepreneurs : je performe admirablement (croissance de 40 %), j'ai une belle boîte qui se construit bien et pourtant mes investisseurs – éternels insatisfaits – me poussent à surinvestir, au risque de me planter. Pourquoi? Parce qu'il leur faut trouver le «home run» et que cela vaut tous les risques.

Dois-je gonfler les chiffres de mon business plan pour séduire, ou faut-il rester réaliste ?

Il est vrai que beaucoup d'investisseurs recherchent en priorité des sociétés présentant de forts potentiels de développement et des taux de rentabilité supérieurs aux moyennes. Les business plans les plus regardés sont ceux qui affichent des chiffres d'affaires en forte progression (passée mais surtout future) sur plusieurs années. Il est donc tentant pour un entrepreneur de «gonfler» son prévisionnel pour séduire. Et puis, comme le dit le proverbe, «les promesses n'engagent que ceux qui y croient», alors pourquoi se priver de vendre une part de rêve?

Plusieurs éléments doivent rester présents à l'esprit d'un entrepreneur qui prépare son business plan :

- Les chiffres, même lorsqu'ils concernent le futur, doivent garder une certaine cohérence entre eux et respecter des ordres de grandeur et des ratios plus ou moins universels. Un exemple : depuis le temps qu'existe l'industrie du logiciel, on sait à peu près quels sont les ratios coût de la R & D/chiffre d'affaires, coût des ventes & marketing/chiffre d'affaires, etc. Bien entendu,

Amélie Faure

Mais reste la recherche du « home run »

Le tableau de business plan doit représenter la meilleure réalité dans le cas le plus favorable, tout en restant réaliste. Deux cas de figure se présentent alors :

- soit, en rêvant juste un peu, le BP ne laisse aucune chance réaliste de faire «fois 10» en 5 ans et il vaut mieux tout de suite chercher un autre mode de financement;
- soit le «fois 10» est crédible et il faut alors mâcher et remâcher les chiffres pour que l'équation : taille de marché/revenu cible/structure de l'équipe soit solide.

les exceptions existent (on dit même qu'elles confirment les règles). Mais les financiers ont souvent du mal à y croire. J'ai en mémoire un dossier qui présentait toutes les qualités pour être retenu mais affichait des chiffres «trop beaux pour être crédibles», ce qui jetait une zone d'ombre sur la compétence du management. Personne ne détient la vérité, et personne ne pouvait dire qui de l'entrepreneur ou de l'investisseur aurait raison à terme. Aux investisseurs et aux entrepreneurs d'être psychologues!

- *A contrario*, on dit aussi que «l'argent appelle l'argent» ou que «le succès appelle le succès». Les entrepreneurs qui rédigent un business plan doivent donc se mettre dans la perspective où ils ne gèrent plus leur entreprise en accompagnant (prudemment) sa croissance, mais peuvent (et doivent), une fois l'augmentation de capital réalisée, investir en anticipant cette croissance. À eux pour une fois de rêver un peu, de sortir d'un mode de gestion très conservateur, et de parier sur l'avenir, c'est-à-dire sur la réalité des hypothèses de leur business plan. «Si mon offre répond correctement au besoin que j'ai identifié, que le marché est vraiment celui que j'ai mesuré, que j'ai effectivement (et en particulier financièrement) la capacité à mettre en œuvre mon plan de développement, alors je dois atteindre tel ou tel objectif.» J'ai observé maintes fois que cet exercice n'est pas évident pour beaucoup d'entrepreneurs, particulièrement les plus expérimentés, mais aussi pour ceux qui n'ont jamais eu l'occasion de développer une entreprise autrement qu'en autofinancement.

- L'objet de cet ouvrage est, entre autres, de montrer qu'investisseurs et entrepreneurs doivent développer des relations de partenariat. Difficile de démarrer une relation sainement sur une mystification. La réalité rattrapera bien vite l'entreprise, et devra alors être affrontée par une équipe désunie. C'est le lot commun des entrepreneurs et des investisseurs que d'être confrontés à des situations difficiles (l'économie se charge toute seule de créer des

> ─────── *Mon conseil* ───────
>
> Il n'y a pas de chiffres sans hypothèses et sans modèle (voir la fiche *« Qu'est-ce qu'un bon business plan ? »* p. 36). Mon avis est donc que l'entrepreneur a tout intérêt à présenter des chiffres ambitieux, à condition que les hypothèses et le modèle sur lesquels ceux-ci sont basés soient validés ou acceptés par les investisseurs.

© Groupe Eyrolles

obstacles). Celles-ci seront d'autant plus facilement surpassées qu'il existe un climat de confiance entre partenaires.

- Enfin, gardons en tête qu'une entreprise peut intéresser un investisseur autrement que pour le chiffre d'affaires et la marge qu'elle est capable de générer (part de marché, accès à certains clients, technologie, etc.).

Quel risque y a-t-il pour un entrepreneur à « arranger » ses chiffres pour séduire les financiers ?

La réponse à cette question est en partie donnée dans la fiche précédente. Le premier risque est de perdre en crédibilité lors des premiers échanges avec les financiers et donc de ne pas faire de deal. Plus grave, cette perte de crédibilité peut survenir tandis que le deal a été conclu et que les financiers, alors actionnaires, sont déçus des résultats obtenus par l'entreprise. Plus grave encore, il y a un vrai risque de perte de confiance dans le management, ce qui ouvre la porte à des situations parfois très difficiles pour les financiers, les dirigeants et l'entreprise.

Reste que, de bonne foi, les investisseurs et les dirigeants peuvent avoir une vision différente du potentiel de l'entreprise, et donc de sa valeur. Le moyen de résoudre ce problème est de mettre en place dans le protocole d'investissement une clause d'ajustement de prix : les deux parties s'accordent pour dire que, en fonction des performances futures de l'entreprise (à six mois,

● ● ● *Amélie Faure*

Risque de perte de crédibilité

Une bonne façon de faire est de préciser dans le business plan les hypothèses de base qui ont été retenues. Cela permettra, en cas de variation, d'analyser les écarts sans trop perdre en crédibilité.

Les clauses d'ajustement

Il ne faut jamais mettre en place de clause d'ajustement, et cela pour deux raisons essentielles :
- Ce qui est complexe prend du temps et nécessite des débats qui entameront la relation entre VC et entrepreneur.
- Elles génèrent un désalignement d'intérêt entre les VCs et le management. Et tout désalignement induit immanquablement des effets pervers.

S'il n'y a pas d'autres solutions, préférez donc les levées de fonds à étages.

un an, dix-huit mois…), la part de capital cédée aux financiers augmentera ou diminuera (voir la fiche « *Comment négocier les clauses de ratchet ?*» p. 126).

Ces clauses d'ajustement sont très pratiques mais elles présentent un réel danger. En effet, une fois l'investissement réalisé, la vie n'étant pas un long fleuve tranquille, financiers et management ont à faire face à des situations imprévues, heureuses ou malheureuses, et doivent prendre ensemble des décisions qui impactent les performances de l'entreprise : lancement ou report de lancement d'un produit, ouverture ou non d'une filiale, embauche ou non de commerciaux, etc.

Il est difficile dans la pratique, au moment de la prise de décision, d'intégrer les impacts de tel ou tel choix sur les clauses de réajustement. Entrepreneurs et investisseurs avancent donc le plus souvent sans en tenir compte! Ensuite, lorsque vient l'heure de juger si l'entreprise a réalisé ou non les objectifs donnés initialement, le contexte est tellement différent de celui imaginé lors de l'arrivée des financiers qu'il devient très difficile d'être objectif pour trancher. Cela donne alors lieu à de nouvelles négociations et peut engendrer des tensions entre actionnaires, ce qui n'est jamais très bon.

J'ai souvenir d'un deal dans lequel investisseurs et management avaient mis en place une clause d'ajustement de prix très élaborée, essayant d'anticiper tous les cas de figure possibles pour se mettre en situation de décider, le moment venu, avec le maximum de sérénité, la manière d'appliquer la clause. Cela coûta fort cher en frais d'avocat et fut totalement inefficace. Pire, au moment de trancher, les différences d'interprétation entre management et investisseurs furent telles que les conseils d'administration se tinrent un moment en présence d'un huissier!

> ——— *Mon conseil* ———
>
> Attention aux chiffres qui sont annoncés. L'entreprise est en effet toujours rattrapée par la réalité. Et lorsque, alors que les conditions de marché se sont révélées être celles que l'on attendait, le décalage entre le réel et le prévisionnel est trop grand, la question qui se pose devient : le management est-il incompétent, légèrement roublard, ou seulement «survendeur»? Le doute s'installe.

Si l'on doit en passer par une clause d'ajustement, deux règles sont donc à retenir :

- KISS : Keep It Simple and Stupid;
- appliquer la clause dans un délai très court : six à douze mois au grand maximum.

Sur quels critères dois-je sélectionner mes partenaires financiers ?

On l'aura compris, le choix du ou des financiers qui vont accompagner le développement de l'entreprise est crucial. Plusieurs critères entrent en ligne de compte :

- Quelle est la taille du fonds ? Le fonds doit être suffisamment important pour que le financier puisse accompagner la croissance de l'entreprise et les futurs besoins d'argent qu'elle pourrait avoir.

- Quelle est la maturité du fonds ? L'horizon de liquidation du fonds doit être compatible avec l'horizon de création de valeur de l'entreprise et sa cession ou sa cotation sur un marché financier. Une société de capital-risque un peu «serrée» par le temps ou par sa capacité financière (point ci-dessus) aura tendance à privilégier des scénarios de cession de l'entreprise plutôt que des scénarios de poursuite et de financement de la croissance, parfois plus pertinents pour l'entrepreneur.

Laurent Kott

Le capital-risqueur est un professionnel comme un autre. Par conséquent, il faut regarder ce qu'il a déjà fait comme investissement, essayer de rencontrer les dirigeants de certaines sociétés de son portefeuille, comprendre le «style» de sociétés dans lesquelles il a investi. Bref, connaître ce qu'il est convenu d'appeler son «track record». S'il est évident que l'entrepreneur a besoin du capital-risqueur, l'inverse est vrai aussi. Il ne faut pas craindre d'être aussi exigeant avec les financiers qu'ils le seront avec

- Quels sont les réseaux financiers que la société de capital-risque est capable d'actionner ? Les entreprises intenses en capital (entreprises biotechnologiques ou de logiciels par exemple) doivent se préparer à plusieurs augmentations de capital, parfois sur plusieurs zones géographiques (France puis États-Unis, par exemple). Il est important alors pour l'entrepreneur de savoir s'il pourra compter sur ses associés investisseurs pour l'aider à mener à bien de futures opérations de financement.

- Quelles entreprises la société de capital-risque a-t-elle déjà financées? Les entrepreneurs le savent, l'une des forces d'un dirigeant est son réseau. Un investisseur déjà présent dans un secteur grâce à un ou plusieurs financements pourra faire profiter de son expérience et de son réseau de futurs partenaires.

- L'équipe du fonds est-elle stable? L'*intuitu personae* est un point clé de la relation investisseur/entrepreneur. Il est mieux d'envisager la relation avec ses investisseurs dans la durée.

- Quel partner représentera la société de capital-risque au conseil d'administration de l'entreprise? Quel est son track record personnel? De la même manière que les financiers mènent des due diligences sur le management avant tout investissement, je conseille vivement aux dirigeants de faire leur propre enquête sur leurs futurs «associés». Le plus simple est d'ailleurs d'appeler les P.-D.G. des entreprises qui ont déjà été financées par la société de capital-risque candidate au financement du projet.

De manière plus prosaïque, le choix des investisseurs se fera également sur des critères économiques (voir troisième partie) :

- Combien valorisent-ils l'entreprise? Il faut ici intégrer d'éventuelles clauses d'ajustement de prix et parfois des clauses de relution du management.

- Demandent-ils des préférences de liquidation? Il s'agit là pour les financiers, dans certaines opérations, de bénéficier en priorité sur les autres actionnaires d'une future création de valeur. En cas de liquidation, de cession ou de

> **— Mon conseil —**
>
> Les investisseurs ne sont pas des associés comme les autres. Ils sont souvent beaucoup plus puissants ! On n'encouragera donc jamais assez les entrepreneurs à faire des «due diligences» sur leurs futurs partenaires.

fusion de l'entreprise, faisant apparaître une valeur inférieure à un certain plafond, les investisseurs sont remboursés en priorité sur l'ensemble des actionnaires.

- Demandent-ils des mécanismes de protection en cas d'augmentation de capital sur des valeurs inférieures à leur valeur d'entrée ?
- Etc.

À prendre en compte également : les clauses du pacte d'actionnaires proposé par les investisseurs.

Enfin, n'oublions pas qu'une entreprise est avant tout une histoire d'individus : le choix de ses partenaires se fera donc aussi beaucoup par intuition, dans l'*affectio societatis* que l'entrepreneur éprouvera plus ou moins face à tel ou tel représentant d'une société de capital-risque.

●● ● *Amélie Faure*

Quel partenaire représentera la société ?

La solitude du CEO n'est troublée que par la présence de son VC. Une relation de confiance et une certaine connivence intellectuelle sont des paramètres essentiels de succès. Imaginez dès la première minute votre VC en sparing partner et faites-en un critère de décision essentiel.

Combien valorisent-ils l'entreprise ?

Surtout, ne faites pas de la valorisation initiale le critère n°1 : la vie commune sera longue et cela ne représentera qu'un premier point sur la courbe. En revanche, il faut fuir absolument les liquidations preferences au détriment des fondateurs. Tous ces mécanismes qui sortent du principe simple de l'alignement des intérêts de tous (management et actionnaires) sont infiniment néfastes. Ils vous coûteront au mieux du temps, des frais d'avocat et de la confiance mutuelle.

Combien de temps une levée de fonds doit-elle prendre? Quelles en sont les grandes étapes?

L'objet est bien ici de répondre à la question en présentant ce qui se passe dans les officines d'une société de capital-risque, et d'en déduire une conduite à tenir pour les entrepreneurs. La figure ci-après présente, en donnant des ordres de grandeur de sélectivité, les quatre grandes étapes d'analyse d'un dossier :

1. Origination ou sourcing des projets,
2. Validation du business,
3. Décision d'investissement,
4. Closing.

Sourcing des projets

Nous l'avons vu précédemment, une société de capital-risque reçoit ou aborde directement des centaines d'entreprises par an.

Du point de vue de l'entrepreneur, cela a deux conséquences :

- Ou bien celui-ci est suffisamment «visible» pour être sollicité; il développe pour cela une forte couverture presse, il participe à des salons ou des conférences, il a un chiffre d'affaires et une croissance forte, etc. (on dit dans le jargon qu'«il apparaît dans le radar»).

- Ou bien il va devoir lui-même solliciter les investisseurs, et pour cela envoyer un business plan puis faire des relances téléphoniques, ou, mieux, activer son réseau pour accéder de manière «personnalisée» aux sociétés de capital-risque qu'il sollicite.

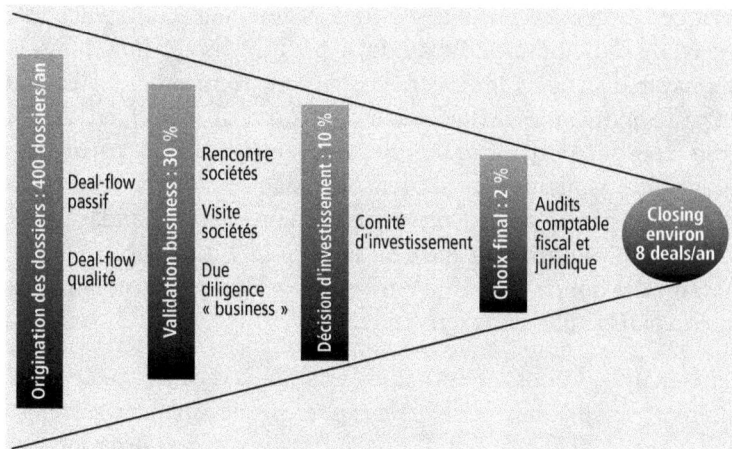

L'objectif est bien sûr de se distinguer de la masse.

Le temps qui sépare l'envoi d'un dossier d'un premier retour, télé-phonique ou mail pour une prise de rendez-vous, ne devrait pas dépasser quinze jours/trois semaines. Le contraire serait soit une marque de désintérêt, soit l'indice que les financiers sollicités n'ont pas le temps d'instruire le dossier. C'est la lecture du business plan et/ou l'influence d'un intermédiaire (voir la fiche «*À quoi sert un leveur de fonds ?*» p. 33) qui va déclencher ce premier rendez-vous.

Validation du business

Cette deuxième étape débute par un rendez-vous de présentation du projet. Comme le dit le proverbe : «On n'a jamais deux fois l'occa-sion de faire une bonne première impression.» L'enjeu est donc important. Tous les aspects du projet doivent être abordés (ce sont les thèmes du business plan – voir la fiche «*Qu'est-ce qu'un bon busi-ness plan ?*» p. 36), plus ou moins en détail selon les questions posées. En principe, cette présentation est faite devant une ou deux personnes de la société d'investissement, qui sera ou seront poten-tiellement les «sponsors» du projet à l'intérieur de la société d'inves-tissement.

Lorsque le premier échange est jugé prometteur, commence alors une étude plus approfondie du dossier. L'investisseur (le «sponsor») va essayer d'analyser le projet, la solution, le marché, les concurrents, l'opportunité financière, etc. Ce travail se fait en contact étroit avec les porteurs du projet qui sont appelés à participer à l'étude en organisant d'autres rencontres au sein de leur entreprise, en présentant des clients ou des partenaires, en répondant à des questions, en fournissant des données, en levant des objections, en chassant des doutes, etc. L'investisseur peut également mobiliser des experts pour l'aider dans son étude.

Cette analyse du dossier est par ailleurs suivie régulièrement par les différents acteurs de la société de capital-risque auxquels le sponsor rend compte régulièrement. Ceux-ci sont appelés à se prononcer sur le projet et à réagir par rapport au travail d'étude mené par le sponsor. Inutile en effet d'instruire un dossier qui rencontrerait une opposition en interne; il aurait toutes les chances d'être «retoqué» lors d'une présentation au comité d'investissement.

L'entrepreneur doit donc, comme pour une vente complexe, essayer au travers du sponsor d'identifier les personnes clés de la prise de décision, les «pushers», les «bloqueurs», les objections, les croyances, pour éclairer au mieux l'instruction de son dossier. Cette phase d'analyse (de «due diligence») peut s'étaler sur plusieurs semaines. Elle ne doit pas pour autant excéder trois mois.

Notons enfin que l'étude d'un dossier débouche parfois sur la définition d'un nouveau scénario de développement de l'entreprise avec lequel entrepreneurs et financiers se sentent plus à l'aise. Les dirigeants d'une entreprise qui se lancent dans une levée de fonds doivent donc osciller de façon subtile entre une attitude «vendeuse» de leur projet et une attitude plus «constructive», en acceptant parfois de remettre en cause une partie de leur plan de développement.

Décision d'investissement

Même si la décision d'investissement est souvent formalisée lors d'un comité d'investissement, le paragraphe précédent montre bien que le processus est en fait très itératif, et le plus généralement partagé.

Ce processus peut être par ailleurs assez différent d'une société de capital-risque à une autre :

- selon les cas, les comités d'investissement regroupent uniquement les gestionnaires du fonds (partners, directeur de participation, chargés d'étude, directeur financier, etc.) ou sont ouverts à des personnalités extérieures;
- les décisions sont parfois prises à l'unanimité, parfois à des majorités plus ou moins fortes;
- les comités peuvent être précédés d'une présentation du projet à l'ensemble de leurs membres, ou pas;
- etc.

Il est donc essentiel pour l'entrepreneur d'identifier le plus en amont possible, au cas par cas, les process de ses partenaires potentiels pour gérer au mieux (par anticipation) l'analyse et la prise de décision sur son projet.

Selon les cas, fixer la réunion d'un comité peut prendre une semaine à un mois. Notons que les décisions rendues peuvent être binaires (oui ou non) ou soumises à conditions : « *Oui, à telle valorisation et/ou pour tel montant*» par exemple, ou «*Oui à condition de renforcer le management*», ou encore « *Oui avec telles conditions dans le pacte*», etc.

Closing

Lorsque le comité s'est exprimé favorablement, commence la période de closing. Celle-ci débute formellement par la signature d'une term sheet entre investisseurs et entrepreneurs.

La term sheet est un document contractuel qui décrit de manière générale les conditions de l'augmentation de capital :

- valorisation de l'entreprise ;
- montants de capitaux apportés ;
- règles de gouvernance de l'entreprise ;
- partage de la valeur créée entre financiers, dirigeants, fondateurs, (ratchet, préférences, etc.) ;
- règles concernant la structure du capital ;
- etc. (Voir la troisième partie de cet ouvrage.)

Là encore, la phase de closing se préparant bien avant le comité d'investissement, la term sheet ne transcrit en principe que des points déjà largement débattus entre entrepreneurs et investisseurs. On pourrait penser alors

● ● ● *Laurent Kott*

Durée de la levée

Il n'y a pas de règle mais c'est toujours trop long pour l'entrepreneur. Cela rend d'autant plus impératif d'avoir la trésorerie nécessaire pour tenir le coup. Personne ne peut négocier de façon satisfaisante avec un couteau sous la gorge. Il faut aussi savoir nourrir ce délai : entre le premier contact et la signature de la «term sheet», il est important de donner des informations aux investisseurs qui ont été rencontrés et qui ont témoigné un minimum d'intérêt pour votre dossier. Rien de mieux que de montrer à vos «futurs» investisseurs que pendant la négociation, la vie continue : le partenariat que vous aviez mentionné a été conclu, le «pilote» que vous étiez en train de développer a été installé chez le client, le recrutement du «business developer» a été fait, etc. Surtout, ne perdez pas une occasion de souligner que «vous faites ce que vous dites et vous dites ce que vous faites», posture indispensable à l'établissement de toute relation de confiance.

que le closing n'est plus qu'une question de formalisation en «langage juridique» de sujets qui font consensus. Erreur. Il s'avère que cet exercice est l'un des plus délicats dans la mise en place de la relation entrepreneurs/investisseurs.

Chacun sait bien que *Le Diable se cache dans les détails*. Immanquablement donc, des points de désaccord apparaissent, à un moment où dirigeants et financiers ont pris la décision de devenir associés, et où ils préféreraient avancer sur le projet plutôt que négocier. Certains de ces points pouvant se révéler déterminants dans la vie commune des futurs partenaires, les échanges qui naissent alors peuvent être particulièrement intenses. Si l'on ajoute que les entrepreneurs sont, en général à ce stade, soumis à une clause d'exclusivité, ce qui réduit leurs marges de négociation, on comprend pourquoi les closings sont des périodes qui marquent les mémoires.

La phase de closing peut durer un mois, et ne devrait pas excéder six semaines.

En conclusion

La durée d'une levée de fonds, une fois le business plan bâti, ne devrait pas s'étendre sur plus de six mois.

Dans certains cas, lorsque la pression exercée par le management est forte, et que le dossier présenté est particulièrement compétitif, le processus peut être accéléré, jusqu'à ne prendre que six à huit semaines.

> ——— **Mon conseil** ———
>
> Le maître mot dans le processus est l'anticipation. Il faut :
> - bien connaître les circuits de décision de son interlocuteur ;
> - se préparer aux due diligences ;
> - parler tôt des conditions du deal ;
> - aborder assez vite les sujets qui fâchent.

En tout état de cause, un dossier devrait être retiré du circuit s'il ne trouve pas preneur dans les huit mois. Difficile, en effet, de corriger l'image d'un projet qui n'a su séduire personne.

Un investisseur pourrait-il bloquer une augmentation de capital ou une cession?

On l'a vu, les intérêts des investisseurs et des managers ne sont pas forcément toujours alignés. En particulier, des points de vue différents peuvent s'exprimer lorsqu'il s'agit de la sortie du capital des financiers, ou au contraire de la poursuite de l'aventure. De nombreux cas de figure peuvent se présenter, qu'il est impossible de lister ici. Prenons quelques exemples pour essayer d'en tirer une ou deux conclusions générales.

Paradoxalement (pour le non-initié), des investisseurs peuvent refuser une opération de sortie. C'est le cas lorsque l'investissement qui a été fait est récent, que l'horizon de liquidation du fonds concerné est lointain, qu'ils ont confiance dans la capacité de l'entreprise à continuer de créer de la valeur, et que l'offre de sortie proposée correspond à une performance de leur placement

● ● ● *Amélie Faure*

Être clair sur l'horizon de sortie

Cette discussion doit avoir lieu impérativement dès l'investissement avec les (2) VCs principaux. Il faut écrire peu mais écrire des clauses permettant au management, ainsi qu'à un ou deux VCs, de prendre seuls la décision de vendre (drag along, tag along). Un petit actionnaire ne doit pas pouvoir bloquer une sortie.

qu'ils trouvent insuffisante. Et quand bien même ils auraient une position minoritaire dans le capital de l'entreprise, les pactes d'actionnaires leur donnent souvent des droits particuliers qui privent les dirigeants de tout ou partie de leur liberté. Pourtant, ce qui est considéré comme peu motivant pour un financier peut représenter beaucoup d'argent pour un particulier! Cette situation est parfois très pénalisante pour le management qui peut voir passer des offres de rachat de ses propres parts, à son échelle individuelle très intéressantes, mais qu'il ne pourra saisir, faute de l'accord de ses investisseurs. Bien sûr, ce type de situation donne lieu à discussion car il est bien difficile de poursuivre le développement d'une entreprise avec un management démotivé. Un compromis doit alors être trouvé : les financiers peuvent, par exemple dans ce cas, permettre aux dirigeants de l'entreprise de sortir en partie du capital de l'entreprise, en achetant eux-mêmes une partie de leurs actions.

Il peut arriver également qu'un financier, dont le fonds arrive en fin de phase d'investissement, ne soit pas en mesure de suivre une opération d'augmentation de capital qui pourtant pourrait être une option de développement de l'entreprise, privilégiée par le management. De nouveau un compromis devra être trouvé entre direction et investisseurs pour résoudre le problème.

On peut se trouver aussi dans le cas de figure où capital-risqueurs et direction ont des visions différentes sur la stratégie à envisager pour développer l'entreprise. Les uns voudront investir, les autres souhaiteront consolider, les uns penseront que les besoins de financement de l'entreprise sont de dix, les autres seront convaincus qu'ils sont plutôt de trente. Là encore, c'est à travers des échanges parfois répétés que les actionnaires devront finalement décider d'une solution à adopter.

En guise de première conclusion, nous dirons qu'il est fondamental pour un dirigeant, au moment de l'entrée d'un investisseur dans son capital, de s'assurer que celui-ci partage une

> **— Mon conseil —**
>
> En étant un peu provocateur, je dirais que, souvent, l'arrivée d'investisseurs dans le capital d'une entreprise transforme ses fondateurs en actionnaires. Les créateurs d'entreprises sont en effet le plus souvent des bâtisseurs, parfois des vendeurs, rarement des financiers. Or, l'ouverture de leur capital va les amener à se poser des questions sur la valeur de leur société, la valeur qu'elle est capable de créer, la valeur qui sera partagée entre les actionnaires. Je recommanderais donc aux entrepreneurs qui souhaitent ouvrir leur capital de rencontrer, en préalable à toute décision, quelques-uns de leurs pairs qui ont déjà fait ce chemin, et d'échanger avec eux sur le type de relations qu'ils ont établies et vécues avec leurs partenaires.

même vision globale du développement de l'entreprise : quelle valeur de l'entreprise vise-t-il ? À quel horizon de temps ? À combien estime-t-il le besoin total de financement du projet ? Quelle serait son attitude face à une situation dégradée ? Et face à de bonnes nouvelles ? etc.

65

En guise de deuxième conclusion, nous noterons qu'il est indispensable de développer avec ses investisseurs une relation de confiance qui permette de faire face aux situations imprévues que l'entreprise ne manquera pas de rencontrer. Quand bien même les intérêts des uns et des autres peuvent être parfois divergents, la création de valeur pour les actionnaires, quels qu'ils soient, passe plus souvent par le compromis que par des dissensions.

Dois-je d'abord faire entrer des business angels dans mon capital avant de faire appel à du capital-risque ?

Les business angels sont des maillons essentiels dans la chaîne de financement d'une entreprise technologique. Ils interviennent à un moment où le projet n'entre pas dans les critères d'investissement des sociétés de capital-risque : besoins financiers trop petits, ou stade de développement très amont.

Par ailleurs, les business angels apportent beaucoup à l'entreprise, de par leur expérience, leurs compétences, leurs réseaux, et le temps qu'ils peuvent y consacrer. Souvent, leur seule présence dans le capital d'une entreprise est créatrice de valeur aux yeux des capital-risqueurs.

Pour autant, les dirigeants qui décident de faire appel à ce type de financement doivent garder en mémoire les quelques principes suivants :

- Ne pas être trop gourmand : même s'il est de l'intérêt des dirigeants d'obtenir la meilleure valorisation de leur entreprise pour être le moins dilués pos-

●●● *Amélie Faure*

Ne pas être trop gourmand

Le piège absolu est la valorisation initiale trop forte. Il sera alors quasiment impossible de faire des tours de financement ultérieurs si la société a performé un peu en dessous de l'objectif. Or, c'est à ce moment-là qu'elle aura besoin de soutien et elle traînera comme un boulet sa valorisation trop élevée à chaque nouveau tour comme au moment de la sortie.

Prévoir une sortie des business angels du conseil d'administration à l'entrée des VCs

Ce sont deux populations fort différentes qui se respectent peu et qui finalement cohabitent très mal.

sible, il est important de prendre en compte ce que pourrait être la valorisation du prochain tour, ouvert celui-là à des capital-risqueurs. Un premier tour bouclé sur une valeur trop forte peut bloquer toute velléité des futurs financiers institutionnels. Et il est toujours délicat vis-à-vis de ses premiers partenaires de baisser la valeur qu'ils avaient accepté de payer pour permettre un nouveau tour de table. Surtout lorsque ceux-ci n'ont pas les moyens de suivre la nouvelle augmentation de capital.

- Limiter le nombre de business angels : dans la mesure du possible, il est bon de limiter le nombre d'intervenants dans le capital d'une entreprise naissante. En effet, lorsque de futurs investisseurs institutionnels proposeront un pacte d'actionnaires, celui-ci sera d'autant plus difficile à mettre sur pied que beaucoup de monde sera partie prenante. Si, malgré tout, on fait appel à un grand nombre de business angels, une des solutions est de les grouper dans un pool, représenté par un mandataire.

- Ne pas leur donner trop de sièges au conseil d'administration : certains business angels posent en condition de leur investissement le fait de siéger au conseil d'administration de l'entreprise. Il est bien sûr tentant d'accepter ce qui peut apparaître comme une demande légitime. Mais il faut s'apprêter alors à gérer des susceptibilités lorsque des investisseurs institutionnels, intéressés par le projet, mettront comme condition à leur entrée dans le capital la mise en place d'un board resserré autour du management, d'eux-mêmes et d'une ou deux personnalités extérieures.

> — **Mon conseil** —
>
> Il est de l'intérêt des entrepreneurs de s'entourer d'un maximum de compétences, sur toutes les dimensions de l'entreprise. Au-delà des conseils d'administration, il est facile de créer des comités (advisory board, comité scientifique, comité marketing e-commercial) qui se réunissent autant que de besoin, et qui apportent conseils, contacts, image, etc. Ces personnalités n'ont pas toujours besoin d'investir pour se sentir impliquées, et ne revendiquent pas forcément de statut de mandataire social.

Quel montant dois-je demander aux investisseurs ?

Cette question, qui peut paraître étrange lorsqu'elle émane d'un entrepreneur (il est le mieux placé en principe pour définir les besoins financiers de son entreprise), est pourtant une de celles que j'entends le plus souvent.

Il est vrai que les besoins financiers d'une entreprise dépendent beaucoup des stratégies de développement que le management décide d'adopter. Et que ces stratégies peuvent évoluer en fonction des retours du marché, du contexte économique général, de l'apparition ou non de concurrents, etc.

Il est vrai aussi qu'un dirigeant sera toujours tiraillé entre deux envies : celle de financer largement son projet, et celle de se faire diluer le moins possible. À quoi vient s'ajouter le fait que le financement d'un projet doit se penser dans le temps. Il arrive, en effet, bien souvent qu'une entreprise fasse appel à du financement à différents stades de son développement : pour la mise au point d'un produit, puis pour sa mise sur le marché, puis pour un passage à l'international, par exemple. L'idéal pour l'entrepreneur est de faire appel aux financiers à chacune de ces étapes, sur des valorisations de

●●● *Amélie Faure*

La taille des tickets d'entrée

Tout est plus grand aux US : les pommes, les arbres, les voitures et les tickets d'entrée…. mais les succès également. Songez qu'il n'y a eu que 2 ou 3 vrais succès en France dans le logiciel : Dassault systèmes, Business Objects et Ilog, alors que les États-Unis fourmillent d'exemples. Donc, voyez grand, n'hésitez pas à demander beaucoup. Si vous avez fait le choix du capital-risque, allez au bout de la logique et acceptez la dilution.

plus en plus grandes, en ne demandant que ce qui semble nécessaire pour passer d'une étape à la suivante.

Par ailleurs, nous avons vu dans la première partie de l'ouvrage que les investisseurs définissent puis suivent une politique d'investissement, qui détermine, entre autres, la «taille des tickets» (montant de l'investissement initial) et l'«exposition» qu'ils acceptent sur une ligne du portefeuille (somme des investissements successifs réalisés dans la même entreprise). On imagine assez bien que la taille des tickets dépend également de l'organisation même de la société de capital-risque : nombre de «partners», niveau d'implication de ces partners dans les sociétés financées, etc. Une société de capital-risque gérant un fonds de 100 M€, par exemple, souhaitant s'impliquer fortement dans le suivi de ses participations, et disposant d'une équipe de cinq personnes, essaiera de constituer un portefeuille d'une quarantaine d'entreprises, et visera donc une exposition moyenne de l'ordre de 2,5 M€, une exposition maximum de 8 M€, et un ticket d'entrée de l'ordre de 1 M€.

La taille des tickets doit être, de surcroît, cohérente avec le niveau de maturité de l'entreprise à financer.

On le voit, la question du montant du financement recherché par le management d'une entreprise n'est pas triviale. D'autant moins qu'elle est très fortement liée à une autre question, elle-même délicate; celle de la valorisation de l'entreprise. Demander beaucoup d'argent lorsqu'on a négocié une valorisation importante pour son projet pose beaucoup moins de problème que lorsque la valeur est faible! Je

— Mon conseil —

On comprend qu'un entrepreneur souhaite minimiser sa dilution. Pourtant, je ne peux m'empêcher de reprendre ici quelques lignes du site du MIT Entrepreneurship Center : «"Cash flow is more important than your mother." These words of wisdom from Managing Director Ken Morse constitute the first lesson of entrepreneurship. We all know that building a successful business requires merit, dedication, perseverance, passion, and luck. Yet money issues sink the majority of companies, so a solid funding strategy is often the entrepreneur's most critical requirement.»

renvoie le lecteur à la fiche suivante « Comment calculer la valeur de mon projet ou de mon entreprise?».

Sur la question du montant, il faut retenir quelques grands principes :

- Il est clair que c'est en demandant de l'argent le plus tard possible (mais pas trop tardivement), c'est-à-dire en ayant créé le maximum de valeur, que le dirigeant sera le moins dilué.

- Cependant, le point précédent est à pondérer par le fait que le dirigeant doit rester très attentif :

  - Au time to market ; un très bon produit qui arrive trop tard sur son marché est un mauvais produit.

  - Au fait que les processus de levée de fonds sont parfois longs (six à huit mois, parfois plus).

● ● ○ *Amélie Faure*

Trouver de nouveaux financiers qui viendront arbitrer les négociations

Non, sûrement pas ! Quand on est à court de cash, la charge opérationnelle est terrible, la focalisation sur le business est totale. Le CEO n'a pas le temps de créer une nouvelle relation. Il faut donc avoir mis au point avec ses VCs les principes de fonctionnement en cas d'apport, et en particulier la limitation de la dilution. J'ai connu des cas où après 4 ou 5 tours successifs, le CEO disposait de moins de 1 % de l'entreprise. Son intérêt en cas de sortie risquait alors fort de diverger de l'intérêt de ses VCs et il est tellement facile de tirer la couverture à soi avec le repreneur ! Amis VCs, soyez vigilants, avoir des managers impliqués est finalement de l'intérêt de tous !

  - Au fait que les bonnes idées apparaissant fréquemment à plusieurs endroits en même temps, d'autres projets peuvent capter l'attention des investisseurs et fermer le créneau.

- Le premier point est à pondérer également du fait que :

  - Les choses se passent rarement telles qu'on les imagine ; des besoins estimés à 100, par exemple, peuvent très vite subir une inflation sévère et passer à 150.

  - Lorsque l'entreprise est à court de cash, le management n'est pas dans la meilleure situation pour négocier la valorisation de son projet.

  - Lorsque le management est à court de cash, ce n'est pas avec ses investisseurs internes que l'on est le mieux placé pour négocier une valorisation (ils peuvent être tentés d'en profiter). Il faut, dans la mesure du possible, se donner le temps de séduire de nouveaux financiers qui viendront «arbitrer» de manière «impartiale» les négociations.

- Qu'une levée de fonds prend beaucoup de temps et d'énergie au management, le distrayant de sa tâche première qui est de faire du business ; il vaut donc mieux parfois une levée de 100 pour couvrir dix-huit mois d'activité que deux levées de 50, à neuf mois d'intervalle.

● ● ● *Laurent Kott*

Quel montant demander ?

Ni trop, ni trop peu ! Au-delà de cette plaisanterie, le montant demandé aux investisseurs sera un élément de la cohérence évoquée plus haut et il dira des « choses » que l'entrepreneur aurait pu vouloir cacher : manque d'ambition du projet, manque de réalisme des perspectives business, approche plus patrimoniale qu'entrepreneuriale, etc.

Un investisseur n'est pas un banquier, il ne finance pas les besoins de trésorerie (bas de bilan) mais les investissements que doit faire l'entreprise pour produire son offre et la déployer commercialement (haut de bilan).

C'est aussi un sujet où l'on retrouve la différence de point de vue entre entrepreneur et VC : l'entrepreneur cherche le financement pour les dix-huit prochains mois – même s'il se doute que cela ne suffira pas, il n'a pas assez d'éléments pour construire un plan d'investissement à moyen terme (3/5 ans). En revanche, le VC sait d'expérience que cet investissement est le premier d'une série plus ou moins longue et ce qu'il va chercher à mieux cerner, ce n'est pas tant le montant de ce premier tour, que ce qu'il devra investir après pour maximiser son « retour sur investissement ».

Comment calculer la valeur de mon projet ou de mon entreprise ?

Avant d'entrer dans le vif du sujet, ouvrons une parenthèse pour rappeler que les investisseurs cherchent des projets *créateurs de valeur*, et que celle-ci ne réside pas uniquement dans le chiffre d'affaires et le résultat générés par l'entreprise (voir schéma page suivante).

Un projet peut en effet créer de la valeur en captant un marché – même à perte –, en maîtrisant une technologie ou en développant un produit unique (d'où l'importance de la stratégie de protection de la propriété intellectuelle), en développant une marque, etc.[1]

Fermons la parenthèse et revenons à la question. La valorisation d'une entreprise est la synthèse de nombreux facteurs.

Entrent en ligne de compte, la valeur «comptable» de l'entreprise, mais également son portefeuille de propriété intellectuelle, la qualité de son management, son parc client, etc. Des exemples d'augmentations de capital récentes, réalisées par des sociétés comparables, à des stades de développement identiques, peuvent aussi servir de référence.

---

1. Je renvoie le lecteur au document «La création de valeur, résultat d'une alchimie entre entrepreneurs et investisseurs en capital» publié par l'AFIC et Ernst & Young, disponible sur le site de l'AFIC.

Leviers de la création de valeur

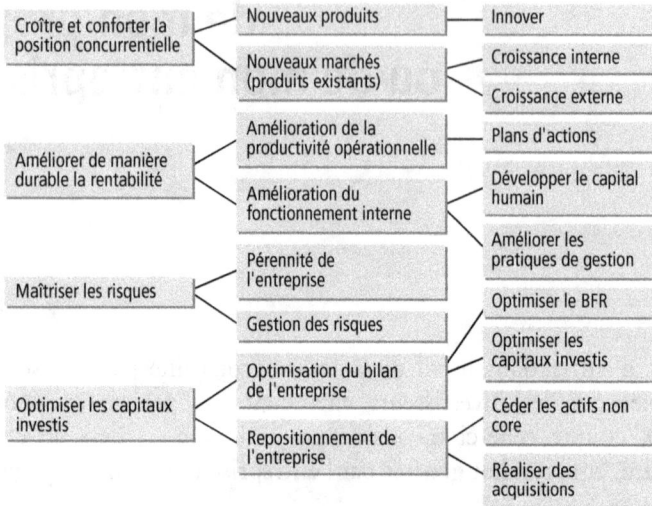

D'autre part, nous avons vu dans la première partie de l'ouvrage et dans la fiche « *Quels sont les critères d'investissement sur lesquels s'appuient les financiers ?* » (p. 45) que les capital-risqueurs recherchent avant tout des entreprises présentant un très fort potentiel de création de valeur. De manière cohérente, la valorisation d'un projet dépend donc également de ce potentiel. Pour approcher la valeur qui en découle, les méthodes classiques d'évaluation (méthodes actuarielles et méthodes comparatives) sont appliquées sur les chiffres espérés (CA, REX, etc.) de l'entreprise, à plus trois ou cinq ans. Lorsque la valeur future du projet est déterminée, la valeur à date d'investissement est calculée à rebours, en fonction du multiple espéré par l'investisseur. Ce multiple dépendant des chances estimées de réaliser ou non les objectifs fixés.

Prenons un exemple. Celui d'une entreprise dont les investisseurs pensent qu'elle peut être valorisée 30 M€ à un terme de six ans. Imaginons que le montant à investir soit de 3 M€ et que, compte tenu du risque estimé, l'objectif de performance soit de faire un multiple de cinq. Alors, la valeur de l'entreprise avant augmentation de capital (pre money) devra être de 3 M€. En effet, dire que le multiple recherché est de cinq, c'est dire que les investisseurs attendent 15 M€ à la sortie (5 fois les 3 M€ investis). Or, pour obtenir ces 15 M€, les financiers doivent détenir la moitié de l'entreprise (puisque l'on suppose qu'elle vaudra 30 M€). Et pour avoir 50 % du capital de l'entreprise après investissement (post money), en apportant 3 M€, il faut bien que la valeur initiale soit de 3 M€.

S'imposent ici deux remarques :

- Contrairement aux entrepreneurs, les investisseurs sont peu sensibles au pourcentage de capital en tant que tel qu'ils détiennent. Ce qui leur importe plus est la valeur à terme de l'entreprise, et la part qu'ils en ont. Autrement dit, c'est cette valeur qui détermine le pourcentage de capital qu'ils souhaitent obtenir, moins que l'envie de posséder 20, 30 ou 40 % de l'entreprise. Un bémol : ils n'aiment quand même pas en général détenir des positions très minoritaires.

- La valeur post money est celle qui compte le plus aux yeux des financiers. En effet, la méthode de valorisation «en marche arrière» porte en elle quelques faiblesses… Reprenons l'exemple de cette entreprise dont la valeur est estimée à terme à 30 M€ et gardons le même objectif de performance, pour les financiers, d'un multiple égal 5. Mais imaginons maintenant que le besoin de financement soit de 2 M€. Pour atteindre leur objectif, les investisseurs n'ont plus besoin maintenant que de posséder un tiers du capital. Or, pour obtenir 33 % du capital, en apportant 2 M€, la valeur pre money doit être de 4 M€. Surprenant! Difficile donc de parler d'une valorisation sans parler du montant levé.

Un autre élément entrant dans la détermination de la valeur d'une entreprise est, ne le nions pas, la compétition qui peut parfois s'établir entre plusieurs sociétés de capital-risque désireuses de financer un même projet. Il est donc de l'intérêt d'une équipe de direction, dans la mesure du possible, de mettre en place une «enchère», tout en gardant à l'esprit les quelques critères énoncés dans la fiche «*Sur quels critères dois-je sélectionner mes partenaires financiers?*» (p. 55).

Les notions de prime de liquidité ou de position majoritaire/minoritaire ne sont, à ce stade, pas ou peu prises en compte car :

- ce n'est pas parce qu'ils sont majoritaires que les investisseurs peuvent plus facilement céder leurs parts (le rôle et l'implication du management reste souvent clés dans les entreprises financées par le capital-risque) ;
- lorsqu'ils sont minoritaires, les investisseurs proposent en général des pactes d'actionnaires qui en amoindrissent les conséquences.

Il est bon par ailleurs de faire intervenir dans la négociation une réflexion sur la stratégie globale de financement du projet. Vaut-il mieux lever en une seule fois la totalité des fonds nécessaires à l'aboutissement du projet (c'est-à-dire la réalisation d'une sortie) ? Ou est-il préférable de procéder en plusieurs temps ? Pour répondre à cette question, les différentes étapes de création de valeur devront être identifiées, ainsi que les différents tours de table prévus, en s'assurant que des valeurs cohérentes seront proposées aux financiers (internes et externes) lors des augmentations de capital successives. Il peut en effet s'avérer très difficile de partir à la recherche de financement avec une valeur affichée par le dernier tour de table décalée par rapport à la valeur réellement créée par le projet. La seule option possible est alors de proposer ce que l'on appelle un down run, bien souvent «punitif» pour le management, et peu attractif pour de potentiels nouveaux entrants.

Prenons un exemple. Imaginons une société dont les besoins de financement, sur cinq ans, sont de 6 M€. Et imaginons que les grandes étapes de création de valeur de l'entreprise soient :

1. Date d'investissement + un an = le produit de l'entreprise est mis sur le marché.

2. Date d'investissement + trois ans = les ventes dans le pays d'origine de l'entreprise ont décollé/la société est à l'équilibre/elle lance les ventes à l'international.

3. Date d'investissement + cinq ans = les ventes à l'international ont décollé/la société est rentable.

Prenons alors comme hypothèse que l'entreprise a besoin de 3 M€ pour atteindre l'étape 2, puis de 3 M€ supplémentaires pour atteindre l'étape 3. Il peut être intéressant dans ce cas de comparer les deux scénarios : levée de 6 M€ en une fois versus levée de 6 M€ en deux étapes.

Dans le premier scénario, la dilution de l'entrepreneur sera sans doute plus forte, les financiers prenant plus de risques, mais il bénéficiera d'une grande tranquillité d'esprit pour mener à bien son projet. Dans le second cas, la dilution sera probablement moins forte, car la valorisation lors de la deuxième levée, si les objectifs sont atteints, sera en principe meilleure que celle du premier tour. Mais il faudra à l'entrepreneur faire preuve de plus d'énergie (il aura deux levées de fonds à mener à bien) et de plus de sérénité (il lancera son projet avec deux fois moins d'argent en poche).

> — *Mon conseil* —
>
> On le voit, la détermination de la valeur d'un projet est un exercice complexe, qui s'appuie sur des éléments objectifs et des éléments subjectifs. Mais plus que tout, il oppose souvent deux approches : celle des entrepreneurs qui pensent souvent en priorité à préserver le maximum de contrôle et de pouvoir, à celle des financiers qui mettent en avant la création de valeur et le partage de cette valeur. C'est souvent en essayant d'abord de rapprocher ces deux points de vue que l'on trouve un compromis sur la valeur.

En bref, rien ne sert, lors d'un tour de table, de chercher à lever le plus d'argent possible, ce qui a, comme cela a été vu plus haut, nécessairement des conséquences sur la dilution. L'idéal est de construire une «belle histoire» faisant apparaître parallèlement un accroissement de valeur régulier au niveau de l'entreprise et des valorisations successives qui suivent la même tendance.

Il faut par ailleurs attirer l'attention des entrepreneurs sur le fait que la valorisation proposée par un investisseur doit se juger au regard des conditions que celui-ci peut mettre à son investissement : clause de ratchet, préférence de liquidation, droit de sortie prioritaire, etc. (voir plus loin les clauses «standards» d'un pacte d'actionnaires).

Enfin, rappelons que le dirigeant d'une entreprise en recherche de financement doit prendre conscience que le rapport de force est souvent inégal dans la négociation qu'il entreprend avec les investisseurs, bien plus rôdés à ce type d'exercice qu'il ne l'est. Les conseils de spécialistes, avocats, leveurs de fonds, confrères, etc. peuvent en l'espèce s'avérer très utiles.

À quel horizon de temps dois-je me projeter ?

L'horizon de temps est une question clé pour le financier. La performance d'un investissement est en effet basée sur une différence de valeurs de l'entreprise : valeur de sortie du capital moins valeur d'entrée dans le capital, divisée par le temps qui sépare les deux événements. En d'autres termes, ce qui est recherché, ce n'est pas une plus-value, mais bien un taux de rendement, c'est-à-dire une plus-value divisée par le temps mis à la réaliser.

D'autre part, nous avons vu que les financiers gèrent souvent une contrainte de date très forte, qui est la date à laquelle le fonds géré doit être rendu liquide pour restitution aux souscripteurs. Cette donnée est bien sûr fondamentale pour le projet. Du reste, les investisseurs demandent quasi systématiquement aux entrepreneurs de s'engager à leur trouver une liquidité dans un horizon de temps déterminé (clause de buy or sell – voir troisième partie), avant toute prise de participation. Cela va pour les entrepreneurs jusqu'à devoir accepter, si c'est nécessaire, de vendre leurs propres parts pour permettre la sortie des financiers.

On voit ici que les projets financés sont contraints par un horizon souvent court ou moyen terme (de l'ordre de cinq ans maximum). Ce qui n'est pas sans conséquence :

- cela touche par exemple la politique d'investissement, en particulier pour ceux qui ne produiront de la valeur qu'à un horizon lointain ;
- cela touche la politique de R & D ;

- cela influence parfois la politique de financement ;
- cela influence évidemment la stratégie de sortie.

Ceci ne pose pas de problème tant que les entrepreneurs, qui sont également actionnaires, sont «en phase» avec leurs partenaires financiers, et qu'ils privilégient en quelque sorte ce «côté actionnaire». Mais cela peut devenir un sujet de tension lorsque les entrepreneurs souhaitent se projeter sur le long terme, et qu'ils envisagent de poursuivre leur aventure après la sortie de leurs investisseurs. Il leur faudra alors trouver des compromis, permettant d'aligner des objectifs qui peuvent en l'espèce être divergents.

Notons que ce phénomène de «gestion court terme» n'est pas propre aux sociétés financées par du capital-risque, mais est très général au monde capitaliste, dans lequel la recherche du ROE (Return On Equity) oriente bien souvent la stratégie des entreprises vers des horizons très proches.

Signe des temps, «la durée de vie moyenne des P.-D.G. des 2 500 plus grandes entreprises américaines est passée de 10 à 6 ans entre 1995 et 2005»[1].

●●● *Amélie Faure*

Accepter de permettre la sortie des financiers en vendant ses propres parts

Eh bien oui, il faut accepter cela. C'est le jeu. Ce qui signifie : se préparer ensemble, le plus en amont possible avec ses VCs à la sortie. En pratique, la possibilité pour l'acheteur de prendre 100 % des parts est importante, le management doit donc être prêt à vendre !

Trouver des compromis si les VCs veulent sortir et le management pas

Je n'y crois pas une seconde. C'est le genre de situation qui plombe le développement d'une entreprise. La seule bonne attitude dans ce cas est de trouver un repreneur et de négocier avec lui la suite de l'histoire.

---

1. Voir également les ouvrages de Élie Cohen, *Le Nouvel Âge du capitalisme*, Fayard, 2005, et de Jean-Luc Gréau, *L'Avenir du capitalisme*, Gallimard, 2005.

Dois-je tout dire aux financiers ? (pré-investissement)

La question de la transparence vis-à-vis de ses partenaires financiers est probablement l'une des plus délicates que l'entrepreneur peut être amené à traiter. Sa réponse est d'ailleurs très personnelle, et dépend évidemment beaucoup des financiers en question, de l'historique de la relation, et du futur que l'on souhaite lui donner. Faut-il présenter l'histoire la plus lisse possible pour maximiser ses chances de lever des fonds ? Faut-il survendre, au risque de paraître irréaliste ? Ou faut-il au contraire dévoiler les difficultés que l'on rencontre, les risques qui pèsent sur le projet ? Faut-il tout dire, au risque de faire échouer le deal ?

Ce qui va dans le sens de la transparence

- La relation qui se crée entre entrepreneur et investisseur est une relation d'associés. Un certain niveau de confiance doit s'établir, et donc une certaine transparence.

- Les financiers utilisent deux canaux pour analyser un dossier. Le premier est celui de l'entrepreneur et du manage-

● ● ● *Laurent Kott*

« Dire ce qu'on fait et faire ce qu'on dit. » Encore une fois, cet aphorisme doit devenir effectif. Il ne s'agit pas de « tout » dire (ce qui n'a pas vraiment de sens) mais de montrer que l'entrepreneur est digne de confiance et que les différences qui surviendront inévitablement entre « prévision » et « réalisation » ne doivent pas remettre en cause cette confiance dont la construction est lente mais dont la disparition peut être extrêmement rapide !!! Il ne faut pas oublier que 100 % des sociétés qui ont réussi ont changé de business plan (les autres aussi d'ailleurs !).

ment de l'entreprise. Le second, celui des «due diligences». Ces due diligences, menées souvent par des experts mandatés par les financiers, couvrent en principe tous les aspects du projet : techniques, financiers, marketing, commerciaux, RH, réglementaires, etc. Elles permettent aux financiers de se faire une opinion «indépendante» de l'entreprise et de son potentiel de création de valeur.

La mise en œuvre «concurrente» de ces deux canaux permet en principe à l'investisseur de répondre à trois questions : y a-t-il une véritable opportunité d'investisse-ment? Le management est-il lucide sur son projet? Le management est-il transparent vis-à-vis de moi, son futur partenaire financier?

Une des attentes des investisseurs est en effet, au-delà de la qualité intrinsèque du projet, de valider que le management a une conscience parfaite de la situation dans laquelle se trouve l'entreprise : ses forces, ses faiblesses, les opportunités qui se présentent, comme les menaces. Il est tout à fait normal qu'une entreprise (ses produits, ses équipes, sa techno, etc.) présente des carences. Cela peut ne pas être du tout un obstacle à un investisse-ment. Ce qui est moins acceptable, par contre, est que le management apparaisse comme manquant de luci-dité vis-à-vis des problèmes

● ● ● *Amélie Faure*

Oui, il faut toujours tout dire !

Car tout dire rassure sur la relation future; car tout dire permet d'expliquer en même temps les solutions à chaque problème; car tout dire évite à la relation de s'envenimer rapidement. Souvenez-vous de votre réaction le jour où vous avez été embauché à un poste de management et où vous avez découvert une situation très différente de celle qui vous avait été décrite ! Pour un VC, c'est la même chose.

La perception d'une difficulté

Un VC expérimenté a développé une aptitude incroyable à surmonter les difficultés. Bien entendu, il faut présenter les faits sous un angle non catastrophiste avec une solution claire. Mais en cas de dissimulation, c'est vous qui allez devenir le problème du VC. Il a absolument besoin d'être sûr que vous communiquez avec lui de façon transparente. Alors, les problèmes trouveront une solution.

Éviter les mauvaises surprises

Des mauvaises nouvelles, vous en aurez toujours à annoncer. À ce stade, gardez dans la manche une ou deux bonnes nouvelles à sortir au moment opportun. C'est de bonne guerre.

qu'il rencontre. Pire encore est la situation dans laquelle il s'avère que le management, parfaitement conscient de certaines difficultés, a voulu les cacher à ses futurs partenaires !

Imaginons un entrepreneur qui décide de prendre le risque de cacher une faiblesse de ses produits, pensant que celle-ci sera facilement surmontée dans le futur, et que la laisser apparaître lors de la présentation de son projet ferait reculer tout investisseur. Quatre scénarios peuvent en découler :

1. L'investisseur n'identifie pas la faiblesse lors de l'étude du projet, et celle-ci se corrige en effet dans le futur. Rien à dire. L'investissement a sans doute lieu. Et les relations investisseur/entrepreneur restent au beau fixe. Vivre dans l'ignorance a parfois du bon !

2. L'investisseur n'identifie pas la faiblesse lors de l'étude du projet, et celle-ci ne se corrige pas aussi facilement que prévu. L'investissement a sans doute lieu, mais les relations investisseur/entrepreneur sont alors à risque. En particulier si les investisseurs découvrent que cette faiblesse leur avait été cachée lors de la présentation du projet !

3. L'investisseur identifie la faiblesse lors de l'étude du projet, et a le sentiment que le management n'en avait pas conscience. C'est un mauvais point pour le dossier (sur le produit et sur la lucidité du management). Mais peut-être cela ne sera-t-il pas bloquant. On peut imaginer des solutions pour le produit, et renforcer le management.

4. L'investisseur identifie la faiblesse lors de l'étude du projet, et a le sentiment que l'entrepreneur essayait de la cacher. Le deal a de fortes chances de ne pas se faire.

L'investisseur peut parfois aider l'entrepreneur confronté à des difficultés, si celles-ci lui sont présentées. Les financiers sont en effet, de par leur métier, en prise directe avec de nombreuses entreprises, dont les profils sont assez proches, et peuvent par là même avoir été exposés à des situations semblables à celle que rencontre l'entrepreneur. Parler de ses problèmes peut donc apporter des solutions.

Ce qui va dans le sens d'une transparence contrôlée

- La perception d'une difficulté et de son impact sur le business peut être très différente selon que l'on est investisseur ou entrepreneur. Les patrons d'entreprise sont «entraînés» à affronter les difficultés de tout ordre et à les surmonter : c'est leur quotidien. Par ailleurs, ils sont les mieux à même de juger si tel ou tel problème technique est majeur ou mineur, si telle ou telle réclamation client est vraiment impactante ou non. Ils peuvent avoir le sentiment, en conscience, qu'apporter trop de transparence inquiéterait sans raison leurs futurs partenaires financiers, et décident donc de faire l'impasse.

- Être transparent demande du temps. S'il fallait être totalement transparent sur toutes les questions qui se posent au quotidien dans la vie d'une entreprise, cela prendrait un temps considérable. L'entrepreneur qualifie donc les difficultés qu'il rencontre, les évalue en termes d'impact, et ne communique que sur les points qui lui semblent les plus pertinents, c'est-à-dire ceux qui peuvent influencer fortement la valeur future de l'entreprise.

> **À éviter**
>
> Les investisseurs sont en fait dépendants du management pour évaluer la situation de l'entreprise dans laquelle ils souhaitent investir. Il faut donc, dans la mesure du possible, leur éviter de mauvaises surprises. Au moins pendant la phase d'instruction du dossier, il faut éviter de faire des annonces qui ne pourraient être tenues (date de sortie de produits ou de lancement d'une offre, chiffres, etc.). Et éviter la survente. Il en va de la crédibilité du management.

On le voit, cette question de la transparence entre entrepreneurs et investisseurs reste délicate. Il en va des relations financiers/dirigeants comme de beaucoup de relations humaines, professionnelles ou non : relations entre associés, entre dirigeants et employés, relations familiales, amicales, etc. Le degré de transparence que l'on donne dépend des personnes, de leur histoire, des circonstances, du sujet abordé, etc. À quoi il faut ajouter que dans la phase de levée de fonds, outre l'échange d'information, nécessaire à l'instruction du dossier, un jeu de séduction, de l'entrepreneur vers le financier, mais également du financier vers l'entrepreneur s'installe dès que l'opportunité d'investissement a été validée.

Dois-je tout dire aux financiers ? (post-investissement)

La question générale de la transparence se pose bien entendu avant, mais également après l'investissement, particulièrement lorsque les financiers siègent au sein du conseil d'administration de l'entreprise.

Bien des considérations présentées dans la fiche précédente s'appliquent à cette nouvelle situation. Et en premier lieu celles qui plaident pour une forte transparence. Mais il nous faut noter que la réponse à la question dépend, plus encore ici, de la situation dans laquelle se trouveront les différents actionnaires.

Ce qui va dans le sens de la transparence

Les entrepreneurs savent bien que la vie n'est pas un long fleuve tranquille et qu'il est toujours possible, pour une raison ou pour une autre, qu'ils aient besoin de lever de nouveau de l'argent. Le soutien qu'ils obtiendront alors de leurs partenaires financiers dépendra beaucoup des relations qu'ils auront su construire avec eux. Plus la confiance sera au rendez-vous, plus la relation aura été développée, plus l'analyse de la

● ● ● *Laurent Kott*

Les investisseurs sont désormais vos associés et doivent être considérés comme tels. Ils seront à votre conseil d'administration et vous devez donc les informer comme il convient, notamment lorsque les nouvelles ne sont pas bonnes. Le flot d'informations entre vous et eux doit être régulier, de façon à maintenir leur motivation à participer activement à votre board : un investisseur qui vient à reculons (ou reste une heure, ou ne vient plus, ou encore envoie un «junior») est un signe de désintérêt qu'il faut absolument prendre en compte.

situation de l'entreprise et de son futur sera partagée, plus forts seront l'engagement des financiers et l'aide apportée.

Une première augmentation de capital n'est donc pas une fin en soi. Elle marque en réalité le début d'une aventure commune.

Ce qui va dans le sens d'une transparence contrôlée

Il est bien évident que certaines situations – en particulier de nouvelles augmentations de capital, la sortie (du capital) des investisseurs, la cession de l'entreprise, etc. – projettent les différents actionnaires sur des objectifs qui ne sont pas toujours alignés.

Prenons l'exemple de la cession de l'entreprise. Les investisseurs ont tout intérêt à présenter l'entreprise sous son jour le meilleur, en lui promettant le plus bel avenir, pour en tirer immédiatement la meilleure valeur. Par contre, s'il doit ou s'il souhaite rester dans l'entreprise pour accompagner la cession, l'entrepreneur a plutôt intérêt à être réaliste sur l'état de sa société, car il aura à l'assumer dans le futur et devra rendre des comptes à son acheteur. Et que dire lorsque le prix de cession comporte une partie fixe et un «earn out», basé sur les résultats

> ### Mon conseil
>
> La question de la transparence se pose en réalité pour un grand nombre d'interlocuteurs de l'entrepreneur : ses associés, ses employés, ses partenaires, ses clients, etc. Et il est probable que la réponse donnée ne soit pas la même selon les cas. Elle dépend par ailleurs fortement de l'*intuitu personae*. Pourtant, il me semble bon de conserver présent à l'esprit qu'un associé financier dispose d'un pouvoir particulier : celui que l'argent donne de conduire ou non ses projets. Cela mérite, à défaut d'une transparence totale, un minimum d'attention.

futurs de l'entreprise! L'entrepreneur aura intérêt dans ce cas à être pessimiste sur ses annonces, pour maximiser ses chances d'atteindre les objectifs fixés. Comment lui faire le reproche alors de limiter sa transparence vis-à-vis des investisseurs, dont les intérêts ne sont pas complètement alignés aux siens?

Autre exemple : celui d'un rachat par l'entrepreneur, sous forme de LBO partiel, des actions détenues par les investisseurs. Il est facile de comprendre ici que l'entrepreneur, qui se trouve dans la position d'acheteur d'une partie de son entreprise, a plutôt intérêt à minimiser la valeur de la société, alors que de leur côté, les investisseurs, positionnés en tant que vendeurs, ont un intérêt diamétralement opposé. Quelle transparence peut-on attendre dans ce cas entre les uns et les autres ?

Le cas d'une augmentation de capital met également en évidence des divergences d'intérêts entre les dirigeants et les financiers présents dans leur capital, et amène à des relations de moindre transparence, momentanément. Chaque partie essaie, bien normalement, de défendre ses droits. Ces situations, très délicates, doivent être particulièrement bien gérées pour éviter que les échanges qui ont lieu dans ces périodes de négociation, parfois un peu rudes, parfois un peu opaques, ne laissent des traces trop difficiles à surmonter par la suite ; les uns et les autres devant continuer à travailler ensemble à la poursuite d'un objectif commun de création de valeur, dès l'augmentation de capital réalisée.

● ● ● *Amélie Faure*

La nécessité d'une communication hebdomadaire

En général, dans les entreprises financées par des VCs, un conseil d'administration (board) se tient chaque mois. Attention, un bon board est un board sans surprise. Donc, informez par un petit e-mail hebdomadaire récapitulatif vos VCs sur les bonnes et les moins bonnes nouvelles de la semaine. En cas de réelle difficulté, il faut les appeler séparément avant le board pour les informer. Alors le board se déroulera dans un climat de recherche de solution. Outre le temps gagné par l'approche, cette communication proactive permettra au CEO de gagner en autonomie. Dès lors que le VC est certain d'être alerté en cas de pépin, il deviendra beaucoup moins contrôlant.

Les cas d'une transparence contrôlée

Ils correspondent tous à des cas de désalignement des intérêts entre le management et les VCs. La bonne façon de gérer ces situations n'est pas d'adopter une communication opaque mais d'avoir veillé dans le pacte à préserver l'alignement des intérêts. Quoi qu'il en soit, quelles que soient les tentations d'opacité temporaires, résistez et restez uniformément transparent. Le monde des start-up est petit ; tout se sait. Faute de quoi, vous perdrez des heures à expliquer, justifier vos impasses et disserter sur tout et n'importe quoi au lieu de faire du business.

Les VCs peuvent-ils prendre le contrôle de l'entreprise? Peuvent-ils me révoquer?

Question bien légitime pour un porteur de projet, qui amène à deux types de réponses : théorique et pratique. Mais au-delà de ces réponses, ce point interroge plus généralement le projet personnel de l'entrepreneur et son positionnement dans l'entreprise :

- **Quels sont ses objectifs?** : gagner de l'argent? Construire un groupe? Garder son indépendance?

- **Quel rôle souhaite-t-il avoir (ou privilégie-t-il) dans l'entreprise?** : celui du dirigeant? Celui d'un opérationnel sur une des fonctions de l'entreprise? Celui d'un actionnaire?

L'entrepreneur doit se poser ces questions avant que la décision de rechercher du financement soit prise. Une fois encore, les investisseurs entrent dans le capital des entreprises qu'ils financent et, par là même, prennent une position d'associé (souvent importante) qui leur permet d'être à tout le moins influent sur le futur de l'entreprise et indirectement sur son management.

La réponse théorique

Allons droit au but : dans de nombreux cas, OUI, les investisseurs peuvent théoriquement prendre une partie du contrôle de l'entreprise et révoquer son dirigeant, et ce quand bien même ils ne prendraient qu'une partie minoritaire du capital de l'entreprise.

Quasi systématiquement en effet, une augmentation de capital s'accompagne de la signature entre les associés, fondateurs et investisseurs, d'un pacte d'actionnaires. Plusieurs fiches dans la troisième partie de l'ouvrage décrivent quelques règles types que l'on trouve dans ces pactes. Les pactes décrivent, entre autres, la manière dont seront constitués les organes de gestion de l'entreprise et la façon dont seront prises diverses décisions.

Un exemple : un investisseur, prenant une part minoritaire du capital d'une entreprise (disons 30 %) pourra tout à fait proposer dans le pacte d'organiser le conseil d'administration autour de cinq administrateurs : deux nommés par les investisseurs, deux nommés par les fondateurs et un «indépendant» choisi d'un commun accord entre financiers et fondateurs. Il pourra par ailleurs être proposé que certaines décisions soient prises par le conseil à la majorité des 4/5.

On voit bien que cette «géographie» du board donne un pouvoir de veto aux financiers sur les décisions soumises à la règle des

● ◉ ◌ *Amélie Faure*

Se dire que l'on peut être viré

C'est utile et sain, même si personne n'y a intérêt. Mais tout jeune entrepreneur va révéler des limites : en management, en stratégie, en finance… Cela n'a rien de tragique s'il les comprend et les accepte, et au-delà accepte un apport complémentaire dans son équipe de management. Cela signifie que l'équipe de management doit être préparée à ces changements dès la recherche d'un investisseur.

— *Mon conseil* —

Cette question de la révocation fait peur à la plupart des entrepreneurs qui envisagent une levée de fonds. Il y va de leur futur, certes. Mais il ne faut pas qu'ils oublient que, bien avant de parler de révocation, c'est leur présent qui est impacté par l'arrivée des financiers. En effet, quand bien même les investisseurs ne prendraient qu'une position minoritaire au capital, la puissance d'un pacte peut les faire passer d'un statut de dirigeant majoritaire à celui de dirigeant actionnaire. Ce qui implique à tout le moins un partage du pouvoir, déjà quant aux décisions stratégiques de l'entreprise. La vraie question à se poser pour un entrepreneur est donc : suis-je prêt à partager mon projet ?

4/5 et rend possible, théoriquement, la révocation du P.-D.G. par les financiers s'ils convainquent l'administrateur indépendant de les suivre.

Lors d'une augmentation de capital, l'entrepreneur doit donc être tout aussi vigilant sur le pacte qui lui est proposé que sur la valeur de son entreprise et le pourcentage du capital qu'il va devoir céder.

Il faut comprendre également la position de l'investisseur qui, en apportant parfois des sommes colossales à l'entreprise, a besoin, car il doit rendre des comptes à ses souscripteurs, de contrôler l'usage qui sera fait de cet argent et la valeur qu'il permettra de créer.

La réponse pratique   ● ● ● *Laurent Kott*

Rappelons qu'un des critères d'investissement principaux dans une entreprise est la qualité de son équipe de direction. Les financiers n'ont pas vocation à diriger les sociétés dans lesquelles ils prennent des participations. Ce n'est pas le modèle économique. La réalité est donc que l'investissement se fait souvent « sur les hommes » et que, quand bien même ceux-ci ne se montreraient pas à la hauteur des espérances fondées sur eux, il y a peu de chance dans la pratique qu'ils soient remis en cause.

Par ailleurs, l'expérience a montré qu'il est très difficile, voire dangereux, de tenter de remplacer une équipe de direction dans une jeune et petite entreprise, souvent très marquée par l'esprit de ses fondateurs. Certains s'y sont essayés, beaucoup s'y sont brûlé les ailes.

Dans une SA à conseil d'administration, le P.-D.G. peut se faire révoquer à tout moment par le conseil. Il y a même une expression latine pour le dire : un dirigeant d'entreprise est révocable *ad nutum*. Le mot « révoquer » suggère la faute mais il faut (essayer de) voir les choses de façon plus objective : le fondateur d'une entreprise qui a réussi le démarrage n'est pas nécessairement la personne la mieux à même de favoriser sa croissance. Ce n'est pas parce qu'il existe des exemples de fondateurs qui ont su mener leur entreprise depuis le « néant » jusqu'à la Bourse qu'il faut en déduire que ce doit être la trajectoire standard. De ce point de vue, les entrepreneurs états-uniens sont mieux préparés à ce genre de considération qui est toujours un sujet de réflexion pour les capital-risqueurs. On peut cultiver le paradoxe : les investisseurs se poseront d'autant plus la question de maintenir le P.-D.G.-fondateur que celui-ci aura réussi un très beau début de parcours. Le fondateur aura fait un très bon travail, mais saura-t-il faire face aux nouveaux défis qui l'attendent ? Le fondateur (ou le groupe des fondateurs) doit anticiper cette question.

Tout au plus, donc, les investisseurs proposeront-ils de renforcer le management sur telle ou telle fonction, lorsque le besoin s'en fera sentir. Parfois, ils évoqueront des réorganisations, timidement. Et ce n'est en réalité que dans des situations extrêmes, de vie ou de mort pour l'entreprise, qu'ils prendront le risque, s'ils en ont les moyens, de changer l'équipe dirigeante.

Pas d'angélisme pour autant. Les investisseurs ne sont pas tous «entrepreneurs friendly». Il conviendra donc que l'entrepreneur fasse ses due diligences et détermine le profil de ses partenaires potentiels, notamment en interrogeant les patrons des sociétés dans lesquelles ceux-ci ont déjà investi, avant de faire son choix.

Dois-je faire entrer un ou plusieurs VCs dans mon tour de table ?

Bien des points sont à prendre en considération face à cette question. Et, comme souvent, il n'y a pas de réponse unique.

Ce qui plaide pour le nombre

Il est parfois tentant pour un dirigeant qui cherche à conserver le pouvoir dans son entreprise de multiplier le nombre de ses partenaires financiers. C'est l'application du vieil adage : diviser pour régner. En s'entourant de fonds de maturités différentes, et en les faisant intervenir à des stades de développement de l'entreprise différents et donc sur des valeurs d'entrée distinctes, le dirigeant sera devant un aréopage d'intérêts fort peu alignés, et aura donc en face de lui bien peu de contre-pouvoir.

> **— Mon conseil —**
>
> Georges Brassens chantait :
> « *Le pluriel ne vaut rien à l'homme et sitôt qu'on*
> *Est plus de deux, on est une bande de cons.*
> *Bande à part, sacrebleu, c'est ma règle et j'y tiens.* »
> Sans être aussi radical que Brassens, je pense qu'il peut être pertinent pour un entrepreneur de privilégier le nombre, tant que cela n'a pas de conséquence sur la gouvernance de l'entreprise. Être deux lors d'une première levée est, selon moi, un maximum (si le montant recherché le permet). Le chiffre de cinq/six ne devrait idéalement jamais être dépassé, au fil des levées de fonds.

Un grand nombre de partenaires permet également d'augmenter sa réserve potentielle d'argent, en cas de besoin de refinancement.

Plus de partenaires veut aussi dire plus de personnes autour de l'entreprise ; plus de conseils, plus de réseaux, plus d'expérience, plus d'énergie centrée sur la création de valeur.

Dans la phase de levée de fonds, il peut être intéressant de mettre en compétition les investisseurs (voir la fiche « *Faut-il envoyer son business plan à un nombre restreint de VCs ou faut-il « arroser le marché » ?* »). C'est la meilleure manière de se trouver en situation de force dans une négociation. Attention d'ailleurs à éviter, dans la mesure du possible, les « syndications » entre fonds qui viendraient limiter la compétition.

● ● ● *Amélie Faure*

Définitivement, très peu d'investisseurs (2 ou 3 maximum)

Mais il faut qu'ils s'entendent bien. L'idéal serait qu'ils aient plusieurs participations en commun. Il leur est alors plus difficile de ne pas s'accorder. Et s'ils sont d'accord, l'entreprise gagne en agilité. Et l'agilité, que ce soit en cas de crise ou de croissance forte, toutes ces entreprises en ont un besoin criant.

Ce qui plaide pour la limitation

Autant d'investisseurs, autant d'avis et d'intérêts potentiellement divergents. L'entreprise peut devenir ingouvernable. N'oublions pas qu'une des clés de la réussite pour les jeunes entreprises technologiques est la réactivité. Il peut donc être pertinent pour l'entrepreneur qui prévoit une augmentation de capital de choisir des fonds qui auront une même capacité de suivi et un même horizon de sortie.

● ● ● *Laurent Kott*

Le choix n'est pas toujours offert. Si c'est le cas, vérifiez que les capital-risqueurs qui constituent le tour de table se connaissent, ont déjà travaillé ensemble, n'ont pas de « contentieux » issu d'un autre investissement. Les VCs français ne sont pas très nombreux ; ils se connaissent tous et ont l'habitude de travailler ensemble. En général, l'un d'entre eux prendra le « lead » (avec l'accord de ses confrères) mais veillez à ne pas vous laisser enfermer dans des discussions avec lui, même s'il vous semble le plus « convivial ». Tenez les autres régulièrement informés de la marche de la société, par exemple en prenant la peine de leur téléphoner avant chaque séance de conseil d'administration.

Les VCs m'expliquent qu'ils vont pouvoir m'aider, mais que peuvent-ils vraiment m'apporter?

Ne nous voilons pas la face, la question posée ici est souvent polémique. Il faut généralement la traduire par : les financiers ne sont pas des entrepreneurs, ils n'ont pas d'expérience de création ni de direction d'entreprise, comment donc peuvent-ils m'apporter quelque chose?

Dans la première partie de l'ouvrage, nous avons tenté de décrire (bien rapidement) le profil type d'un investisseur en capital. Il s'en dégage en partie une réponse à la question. Mais pour être plus précis, et sans polémiquer, nous pouvons tenter de lister ici quelques-uns des apports, autres que l'argent, des financiers auprès des entrepreneurs :

- Premièrement, n'oublions pas qu'un investisseur passe son temps à voir des entreprises et des équipes de direction (des bonnes et des moins performantes), et qu'il est donc naturellement très bien placé pour repérer les «best practices» en matière de recrutement, de management, de marketing, de gestion, etc.

- Il est, par sa fonction, en retrait de l'opérationnel, ce qui lui donne du recul pour analyser parfois plus froidement la situation des entreprises dans lesquelles il a investi que l'équipe de direction elle-même. Cela est particulièrement vrai lorsqu'il est question d'entreprises jeunes, dirigées par des patrons qui ont souvent «le nez dans le guidon», et qui adoptent par la force des choses des comportements «réactifs» plus que d'anticipation.

- De manière plus générale, les investisseurs apportent une culture de gestion des entreprises «en anticipation de croissance», ce qui est parfois essentiel pour profiter d'un «time to market», là où les équipes de management d'entreprises non financées, souvent sous-capitalisées, ont par nécessité développé une culture de gestion «en accompagnement de croissance».

- Les financiers sont également en permanence à l'écoute d'un marché, à la recherche des meilleures opportunités d'investissement. Ce faisant, ils accumulent une grande quantité d'informations sur les offres, les enjeux, les programmes de R & D, les tendances, les acteurs, etc. Ils sont donc en position privilégiée pour participer à la veille technique, marketing, concurrentielle, pour identifier des partenaires potentiels, des cibles (pour des fusions, des acquisitions ou des cessions).

- Les investisseurs participent donc légitimement aux réflexions stratégiques de l'entreprise.

- Les financiers ont également une grande pratique du fonctionnement d'un conseil d'administration et peuvent donc aider les dirigeants à organiser puis manager leur board.

- Leur position, en dehors de l'opérationnel, les amène à demander un certain niveau de reporting au management. Cela entraîne souvent la mise en place de méthodes de suivi et de contrôle des activités de l'entreprise, la formalisation de process, la définition d'indicateurs de performance, etc. En bref, l'arrivée de financiers est souvent pour les jeunes entreprises l'occasion de franchir une étape dans leur organisation.

- Ils ont par nature une pratique régulière des montages financiers, et des différents acteurs de cette «industrie».

> ### Mon conseil
>
> On l'a vu, la question posée ici est un peu polémique. Et lorsqu'il ne s'agit pas de cette question, on trouve dans les blogs des sujets de controverse tels que : *les bons investisseurs feraient-ils de bons entrepreneurs ?* ou *faut-il avoir été entrepreneur pour être un bon VC ?* Ce qui dénote que ces deux mondes se côtoient sans toujours bien se comprendre. Or, je pense que tous – investisseurs et entrepreneurs – ont intérêt à balayer les appréhensions et à s'orienter résolument vers une collaboration efficace. Une équipe est forte de ses différences. Considérons donc comme une chance que les deux profils ne se ressemblent pas ! Et que chacun apprenne à écouter les autres.

Ils peuvent donc beaucoup apporter au management lors de

nouvelles opérations de levée de fonds. Défendant leurs intérêts d'actionnaire, ils défendent souvent indirectement celui des entrepreneurs.

- De même, les financiers ont généralement une plus grande habitude que le management des opérations de sortie. Ici encore, ils feront profiter les entrepreneurs de leur expérience.

- Opérant sur un marché depuis longtemps, ils peuvent avoir développé des réseaux qu'ils ouvriront à l'équipe de direction et qui faciliteront parfois le recrutement, la mise en place de partenariats, voire la commercialisation des offres de l'entreprise.

- Par ailleurs n'oublions pas que les investisseurs, non pas en tant que personnes mais en tant qu'institution, apportent aux petites structures qui se lancent sur un marché une crédibilité vis-à-vis de leurs clients qui peuvent, sans cela, douter de leur pérennité.

- Enfin, j'ai pu noter que bien souvent l'arrivée de financiers dans une entreprise apportait une «culture de l'actionnaire» à l'équipe de management. En effet, les raisons d'entreprendre sont multiples, mais lorsque l'on interroge les fondateurs d'entreprises technologiques, on constate que parmi ces raisons, arrivent en priorité «la simple envie de développer un produit ou une offre», «l'envie de prouver que ce produit ou cette offre répond à un besoin (par un certain accueil du marché)», «l'envie

● ● ● *Amélie Faure*

J'ajouterais l'aide au développement international

Leur expérience et leur carnet d'adresses sur ces sujets difficiles peuvent être très précieux. Attention, l'aide ne vient pas spontanément : il faut solliciter ses VCs par des questions et des besoins très précis pour obtenir de l'aide.

La création de valeur

C'est une petite révolution culturelle que le management doit faire pour penser «création de valeur». Elle n'est pas si évidente de prime abord mais indispensable au succès.

d'indépendance vis-à-vis d'un patron», etc., et que n'arrive que bien tard une motivation financière. Or, la motivation de création de valeur est celle qui arrive en tête des objectifs d'une société de capital-risque, c'est une question de survie! Sans performance, les souscripteurs ne renouvellent pas leur confiance et l'investisseur disparaît.

L'arrivée d'un financier dans une entreprise oriente donc fortement la stratégie et le développement de celle-ci vers la création de valeur :

- Développer un nouveau produit ? Pour quoi ? Quelle création de valeur pour l'actionnaire ? À quel horizon ?
- Ouvrir un nouveau marché ? Pour quoi ? Quelle création de valeur pour l'actionnaire ?
- Développer l'équipe commerciale ? Pour quoi ? Quelle…
- Embaucher une nouvelle personne ?…
- Etc.

On le voit, l'arrivée des financiers dans le capital d'une entreprise ne se traduit pas uniquement par une arrivée d'argent. Aux entrepreneurs d'en profiter !

Comment mettre en place un board efficace?

Il faudrait, avant de répondre à cette question, s'interroger sur le sens du mot «efficace». Pour beaucoup d'entrepreneurs, un board efficace est vu comme une assemblée de personnes à qui l'on peut demander des conseils, voire des contacts, mais qui surtout n'interviennent pas dans la gestion de l'entreprise, ni dans la définition de sa stratégie. C'est, à mon avis, à la fois une erreur, et regrettable.

Il est, en effet, très rare de voir une seule personne maîtriser toutes les dimensions du management d'une entreprise, d'autant plus lorsque celle-ci évolue rapidement et que ses besoins changent régulièrement. Difficile pour une seule personne de défendre équitablement des intérêts multiples, particulièrement lorsque les siens sont en jeu. Impossible à une seule personne de cumuler l'expérience de plusieurs.

●●● *Amélie Faure*

Un board efficace

Un board efficace est un petit board. J'avoue ne pas être une grande fan des boards avec personnalités :

▶ toute éminente personnalité a un ego qu'il faut gérer;

▶ les externes du board n'ont en général pas des intérêts alignés sur ceux des VCs, ce qui crée une déperdition de temps et d'énergie;

▶ toute assemblée importante délibère moins vite et moins bien qu'une petite assemblée.

Cela ne veut pas dire, bien entendu, qu'il faut se passer de l'apport de personnalités extérieures, mais il faut le faire dans une structure dédiée : un senior advisor committee pourra apporter sa valeur directement auprès du management lors de réunions trimestrielles, par exemple. Au contraire, moissonner cette compétence de personnalités seniors est une incroyable source de richesse pour une jeune entreprise.

C'est pourquoi nous allons considérer le board comme une véritable instance de direction de l'entreprise (au sens stratégique du terme), et l'efficacité du board comme le fait de maximiser les intérêts de l'ensemble des actionnaires de l'entreprise.

Je renvoie le lecteur à la fiche « *Les VCs m'expliquent qu'ils vont pouvoir m'aider, mais que peuvent-ils vraiment m'apporter ?* » pour qu'il tente de se convaincre, si ce n'est déjà le cas, de l'intérêt d'intégrer dans un board des financiers.

Reste alors à aborder certaines questions sur la dynamique du groupe. En effet, un conseil d'administration fonctionne comme une équipe, et doit donc se constituer en tant que telle.

Et tout d'abord, quel profil choisir ? À compétence et expérience égales, bien sûr, il est préférable de choisir des personnes qui :

- savent écouter et changer d'avis ;

- savent communiquer leurs idées, clairement et vite ;

- ont l'expérience de la prise de décision collective, et donc cherchent à établir un compromis plus qu'à imposer un point de vue ;

- sont psychologiquement fortes, les réunions de board traitant parfois de questions très sensibles, pouvant toucher des intérêts personnels, parfois les leurs ;

- ont le temps et la flexibilité

● ● ◌   *Laurent Kott*

Le conseil d'administration (board dans le jargon) est une instance très importante de la gouvernance : ce ne doit pas être une chambre d'enregistrement d'un P.-D.G. tout-puissant, ni un lieu de confrontation entre « managers » et « actionnaires ».
Un conseil d'administration efficace est un conseil resserré avec sept membres maximum. Le « board » sera d'autant plus efficace qu'il se focalisera sur sa mission : assurer la bonne marche de la société. Cela implique pour ses membres de ne pas faire passer trop souvent en premier leurs intérêts personnels (privés ou professionnels). Un bon indicateur de cet état d'esprit est le suivant : chaque membre du conseil doit se sentir responsable de faire rentrer de l'argent en donnant accès à ses contacts pour nouer des partenariats ou conclure des affaires ou en donnant des conseils judicieux sur les aides et subventions dont la société peut bénéficier.

dans leur emploi du temps : les entreprises passent régulièrement par des situations de crise qu'il faut gérer dans l'urgence;

- apportent une compétence ou une expérience complémentaire à celle des autres membres du conseil.

L'équipe ainsi constituée devra présenter des qualités de :

- Créativité. Même lorsqu'un board agrège une très large expérience de situations, les entreprises se trouvent parfois confrontées à des problèmes ne ressemblant à rien de connu, auxquels il faut trouver des solutions originales.
- Capacité à décider. Lorsque des avis différents s'expriment, la bonne décision n'est pas nécessairement celle de la moyenne. L'équipe doit donc savoir trancher (c'est en particulier le rôle du CEO), et supporter unanimement une décision prise.
- Exigence. Pas de complaisance, tous les avis doivent s'exprimer, toutes les questions doivent être posées. Pas de consensus mou.
- Respect mutuel. Pour que chacun puisse s'exprimer librement et être sincèrement écouté.

Pour ce qui est du nombre idéal, il varie évidemment avec la taille de l'entreprise et son stade de développement, mais il devrait dans tous les cas rester limité : 3 à 5 personnes en phase d'amorçage, 5 à 7 personnes dans la phase de lancement commercial, de développement, puis dans la phase de sortie. Il en va de la dynamique du groupe.

Laurent Kott

Dans un souci d'efficacité, le P.-D.G. doit préparer les réunions du CA en envoyant les documents suffisamment tôt et, surtout, en prenant la peine de téléphoner aux administrateurs pour leur annoncer les bonnes ET les mauvaises nouvelles. Il faut veiller à parler avec tous les membres : rien de tel pour pourrir l'ambiance d'un conseil qu'un membre qui découvre en séance que le P.-D.G. a pris contact avec tous les autres membres sauf lui !

Le bon ordonnancement des réunions est un point souvent négligé : plus de 2h30 doit être exceptionnel. Il vaut mieux deux séances rapprochées que des séances marathon où des gens, en général surchargés de travail, doivent concentrer leur attention et soutenir leur vivacité d'esprit pendant des heures et des heures.

Notons par ailleurs que le rôle du board évolue avec le degré de maturité de l'entreprise, et que son efficacité sera donc maximisée en changeant certains de ses membres en fonction de cette évolution. Tel board member sera plus pertinent sur des sujets de R & D, de protection de l'innovation, etc., tel autre le sera plus sur le packaging produit, le marketing ou la vente.

Enfin, pour être efficace, le board doit garder en mémoire qu'il sert les intérêts de tous les actionnaires : investisseurs, fondateurs, autres actionnaires historiques. Les aspirations profondes de chacun doivent donc être connues et avoir été discutées.

Laurent Kott

Si la société est dotée d'un P.-D.G., il doit veiller au bon déroulement de la séance. Or, il est souvent celui qui présente les points de l' ordre du jour, répond aux questions, pilote le conseil et, *in fine*, prend les décisions. Tout ceci peut conduire à une succession de monologues qui risquent fort de produire un ennui proportionnel à leur longueur. Je suggère donc pour les séances « chaudes » de désigner un président de séance qui saura gérer le temps, donner la parole aux uns et aux autres et permettre au (P.-)D.G. d'exposer sa vision, de répondre aux interrogations à l'occasion d'un véritable débat.

Quelle politique de stock-options faut-il adopter dans l'entreprise ?

Plusieurs points doivent être considérés lorsque se pose la question de la mise en place d'un plan de stock-options dans l'entreprise.

Ce qui va dans le sens de sa mise en place

- Les investisseurs aiment bien l'idée, en général, qu'un maximum de personnes soient orientées dans leur choix par des motivations capitalistiques. Cela aligne les intérêts avec les leurs : la création de valeur à court terme.

- Donner des stocks est un bon moyen de retenir des profils rares, et de motiver les troupes.

- Donner des stocks évite d'utiliser du cash et préserve donc la trésorerie, surtout si l'on considère que pour qu'un salarié ait 1 euro de prime dans sa poche, cela coûte à l'entreprise au moins 2 euros.

Ce qui va dans le sens de la retenue

- Nombre de salariés n'ont pas conscience de ce que peuvent représenter des stock-options, lorsque l'entreprise performe bien. Ils préfèrent donc souvent des primes, voire un plan d'intéressement, plutôt que des stocks.

- Cela demande du temps à mettre en place, à expliquer, à distribuer, à gérer.

- Lorsque l'entreprise peine à décoller, les stocks sont vite considérés comme un «attrape-nigaud». Lorsque l'entreprise performe bien, cela devient un enjeu qui mobilise beaucoup (trop?) d'énergie.

- Le capital est la chose la plus rare que possède un entrepreneur et un plan de stocks est une dilution potentielle de plus : à distribuer donc avec parcimonie.

● ● ● *Amélie Faure*

Des stock-options, pour quoi faire ?

La fiscalité française sur les stock-options, BSA et autres AGA (attributions gratuites d'actions), est inadaptée à ces entreprises : nécessité de garder ces titres environ cinq ans, risques forts de reclassement en salaire, paperasse incroyable en board et assemblées générales. Et n'est-ce pas en réalité souvent une monnaie de singe ?
Privilégiez plutôt l'actionnariat salarié bien structuré, ou demandez à Monsieur Sarkozy un système qui marche pour les entreprises innovantes.

------ *Mon conseil* ------

Je suis pour mettre en place un plan de stocks, des BSPCE. Mais en les distribuant de manière très sélective, et en essayant d'en faire un vrai plan d'accession au capital.

© Groupe Eyrolles

Troisième partie

Comment négocier le pacte d'actionnaires et la garantie de passif?

Dans la très grande majorité des cas, l'arrivée d'investisseurs dans le capital d'une société s'accompagne de la signature d'un pacte d'actionnaires, et selon les cas, d'une garantie de passif.

Le pacte a pour objet de définir les droits et obligations des actionnaires (fondateurs et investisseurs) et leurs engagements respectifs dans l'aventure commune au sein de la société. En général, les pactes sont conclus pour des périodes longues (quinze ans renouvelables automatiquement par période de cinq ans par exemple) et prennent fin automatiquement avant cotation des actions de l'entreprise sur un marché réglementé (français ou étranger) ou avant cession ou fusion de l'entreprise avec une autre société, à condition, bien entendu, que cette cotation, cession ou fusion ait fait l'objet d'un accord du conseil d'administration de la société.

Les pactes comportent des clauses plus ou moins standards ayant parfois un impact très fort sur les règles de gouvernance de la société et sur la répartition de la valeur créée. Il convient donc pour l'entrepreneur d'être particulièrement attentif lors de la négociation de ce contrat.

Au travers de la garantie de passif, l'entrepreneur s'engage vis-à-vis de l'investisseur sur l'exactitude des données comptables et financières qu'il présente et sur lesquelles la valorisation a été établie. Les données garanties sont celles qui concernent les exercices passés et en cours de la société. Ce type de garantie est très courant, et permet de rassurer l'investisseur sur la qualité de l'entreprise dans laquelle il s'engage.

Pour quelles règles de gouvernance dans l'entreprise faut-il opter?

Comme nous l'avons déjà vu dans la fiche « *Les VCs peuvent-ils prendre le contrôle de l'entreprise? Peuvent-ils me révoquer?* » (p. 88), le pacte d'actionnaires comporte souvent une clause relative à la constitution du conseil d'administration (pour les SA) ou des organes de gestion de l'entreprise. Cette clause permet de répartir les pouvoirs entre actionnaires en s'affranchissant fortement de la structure du capital. En d'autres termes, même lorsque les financiers restent minoritaires en nombre de droits de votes, ils peuvent, à travers le pacte, demander à exercer des droits qui protègent leur investissement.

Voici un exemple de clause :

Les parties s'engagent à faire leurs meilleurs efforts, dans la limite de leurs pouvoirs respectifs, afin que la répartition des sièges au sein du conseil d'administration respecte, pendant toute la durée du pacte, les principes suivants :

- le conseil d'administration de la société sera composé de cinq (5) membres au plus ;
- deux (2) administrateurs seront choisis parmi les candidats proposés par l'investisseur, s'il en fait la demande ;
- un (1) administrateur indépendant sera choisi parmi les candidats proposés d'un commun accord par les fondateurs et l'investisseur ;
- deux (2) administrateurs seront choisis parmi les candidats proposés par celui ou ceux des fondateurs détenant au moins 10 % du capital de la société, s'ils en font la demande ;
- Le conseil d'administration se réunira au moins une fois tous les deux (2) mois, ou dans un délai maximum de dix (10) jours, à la demande de tout administrateur.

Une fois cette organisation définie, des règles de fonctionnement du conseil peuvent être proposées. Des règles donnant par exemple un droit de veto aux financiers :

Toute action envisagée dans les domaines suivants devra être soumise à l'examen et à la délibération préalables du conseil d'administration et ne pourra être décidée par le conseil d'administration qu'à la majorité de ses membres présents ou représentés, cette majorité devant comprendre la voix de chacun des administrateurs nommés parmi les candidats proposés par les investisseurs.

Ces droits de veto sont souvent demandés par les financiers relativement à des décisions lourdes concernant la société, telles que :

- la modification de l'orientation stratégique ou de l'activité de la société ;
- des opérations de fusion, scission, cession d'actifs ou de fonds de commerce, augmentation de capital, réduction de capital, etc. ;
- la cotation en Bourse de la société ;
- la dissolution ou la mise en liquidation amiable ;
- la cession des droits de propriété intellectuelle.

On le voit, le droit de veto est principalement demandé sur des décisions touchant directement la valeur de la société.

Par ailleurs, les investisseurs peuvent demander de peser sur d'autres décisions, plus opérationnelles, en proposant que celles-ci soient *« soumises à l'examen et à la délibération préalables du conseil d'administration et ne puissent être décidées par le conseil d'administration qu'à la majorité des deux tiers (2/3) de ses membres présents ou représentés »*, pour reprendre notre exemple.

------ *Mon conseil* ------

Au-delà des (beaux) discours (n'oublions pas que tant que les contrats ne sont pas signés, investisseurs et entrepreneurs sont encore dans un esprit de séduction). C'est véritablement ces clauses, relatives à la gouvernance, qui fixent les limites du pouvoir des deux parties. Une manière pour les entrepreneurs de mieux connaître leurs futurs partenaires consiste à demander à lire, lors des premiers contacts, les clauses types qu'ils ont l'habitude de proposer.

Ces décisions peuvent porter sur :

- les méthodes comptables employées par la société ;
- l'adoption du budget annuel et ses modifications éventuelles ;
- les investissements, désinvestissements, achats ou ventes d'actifs par la société s'ils excèdent, en une ou plusieurs fois, la somme de X mille euros H.T. ;
- l'attribution des stock-options ;
- toute création, dissolution ou fermeture de filiales, d'établissements ou de succursales ;
- l'octroi de tout prêt, sûreté, cautionnement, aval ou garantie dépassant un montant unitaire de X mille euros ;
- toute décision, contrat ou engagement afférent aux droits de propriété intellectuelle ;
- toute décision de recrutement, de modification de rémunération ou de licenciement par la société de mandataires sociaux, de cadres dirigeants ou de tout salarié dont la rémunération annuelle brute totale est supérieure à X mille euros ;
- etc.

● ● ● *Amélie Faure*

Le droit de veto

Il faut accepter ces clauses. Pour qu'une start-up réussisse, je suis convaincue qu'il lui faut un board restreint, bien informé et aligné sur ses intérêts, si possible. C'est sur cette constitution initiale que doit se focaliser l'attention de l'entrepreneur. Ensuite, il suffit de se fier à une règle rarement démentie : « Des gens intelligents (et les VCs le sont), disposant des mêmes éléments d'information prendront en général spontanément la même décision si leurs intérêts sont alignés. »

Sur la gouvernance d'entreprise en général

Il faut toujours se rappeler que le CEO, « at the end of the day », est LE responsable de ses choix. J'ai aimé que mes actionnaires me le rappellent. Encore plus lorsque les choix qui s'offraient étaient difficiles et impliquant pour l'équipe, et qu'alors nous n'avions pas le même point de vue. Il faut parfois savoir tenir bon, cela fait partie du job de CEO.

Il n'y a pas de limite à l'imagination. Les points demandés par les investisseurs sont en principe ceux qui peuvent avoir un impact sur la valeur de l'entreprise, à plus ou moins court terme.

Entrepreneurs et financiers doivent ici prendre le temps d'expliquer leurs motivations : pourquoi les premiers veulent-ils décider seuls ? Pourquoi les seconds veulent-ils peser sur la décision ?

Quel est mon devoir d'information vis-à-vis des financiers ?

Il est difficile, voire impossible, d'échapper à une obligation d'information vis-à-vis de ses investisseurs. Eux-mêmes ont besoin de rendre des comptes à leurs propres souscripteurs. Cette obligation est, du reste, souvent explicitée dans le pacte. Elle peut porter sur de nombreux points, parmi lesquels :

- le budget prévisionnel de l'entreprise ;
- les projets des comptes sociaux de la société, accompagnés des rapports des commissaires aux comptes et des différents rapports d'activités légaux ;
- les comptes sociaux définitifs, les comptes consolidés définitifs, etc. ;
- les différentes situations comptables et de trésorerie semestrielles ou trimestrielles ;
- les situations mensuelles, trimestrielles ou semestrielles des tableaux de bord définis entre financiers et fondateurs, ces tableaux de bord consolidant des informations objectives et/ou qualitatives.

Les investisseurs peuvent également demander à être informés de tout événement susceptible d'impacter, à court ou moyen terme, la valeur de l'entreprise.

Dans certains cas, les investisseurs demandent un droit d'accès aux locaux de l'entreprise, ainsi

---

— Mon conseil —

Le minimum que l'on puisse faire avec un partenaire financier est de l'informer de l'avancée de son projet. Mais l'idéal est d'avoir su créer avec lui une relation de partage, un esprit d'équipe. On est toujours plus malin à plusieurs que seul.

que la possibilité de se faire communiquer les informations, pièces et documents relatifs à l'activité de l'entreprise.

Enfin, les financiers demandent parfois un droit d'audit de la société, exerçable à tout moment.

Il semble bien délicat pour l'entrepreneur de s'opposer à ces demandes, dans la mesure où celles-ci ne perturbent pas le fonctionnement de l'entreprise. Une fois encore, les financiers, même siégeant au conseil d'administration, restent assez éloignés du business de la société qu'ils soutiennent. Néanmoins, dans la pratique, il est facile d'imaginer que certaines opérations (accès aux locaux et audit) ne sont pas sans conséquences sur la relation investisseur/entrepreneur : il est en effet question de la confiance que les premiers ont (ou n'ont pas) envers les seconds.

● ● ● *Amélie Faure*

Ah ! Qu'elle est simple à gérer la transparence, et économique en temps de surcroît ! Faites mieux que la demande de communication, mais faites efficace (l'e-mail de weekly news est apprécié), et surtout faites toujours PRO : documents de board envoyés à l'avance, présentations soignées et structurées, et pas de fautes. Le message subliminal est important : vos VCs ne vous voient que dans l'exercice du board et transposent donc ce qu'ils perçoivent à cette occasion sur ce qu'ils supposent être votre relation client.

Quel engagement d'exclusivité dois-je prendre ?

Un des critères principaux d'investissement est l'équipe dirigeante de l'entreprise. C'est en grande partie sur elle – ses compétences, ses performances passées, sa motivation, son engagement, etc. – que repose la décision de financement. Il est donc légitime que les investisseurs cherchent à s'assurer de cet engagement dans le temps.

Plusieurs clauses sont proposées dans le pacte d'actionnaires à ce sujet.

Engagement d'exclusivité

Voici un exemple de clause :

Tant qu'il aura la qualité de personne clé, chacun des dirigeants s'engage à consacrer l'exclusivité de son activité professionnelle à ses fonctions au sein de la société, sauf accord préalable écrit des investisseurs. En particulier, chaque personne clé devra solliciter et obtenir l'accord préalable écrit des investisseurs avant d'accepter tout poste d'administrateur, membre du conseil de surveillance, gérant, directeur général, directeur, mandataire social, employé ou consultant d'une autre société ou entité.

Cette clause est généralement accompagnée de clauses appelées «good leaver»/«bad leaver» qui formalisent la manière de gérer les départs des fondateurs dans le cas où ceux-ci démissionneraient malgré la clause d'exclusivité, et dans le cas où ils seraient licenciés de l'entreprise. Dans le premier cas, il est souvent prévu que la personne qui quitterait l'entreprise de son plein gré se verrait forcée de vendre ses parts de l'entreprise à un prix très dévalué, en guise de pénalité. En cas de départ «forcé», la manière de gérer l'événement varie selon la nature du licenciement (cause réelle et sérieuse, faute grave ou faute lourde).

L'entrepreneur doit garder en mémoire, lors de sa négociation, que les financiers investissent sur lui et que, de ce fait, ils peuvent légitimement considérer qu'un départ (en tout cas lors d'une démission ou pour une faute lourde) constitue une forte perte de valeur pour l'entreprise.

Engagement de non-concurrence

Cette clause tombe sous le sens : difficile en effet pour l'investisseur de faire le pari d'une équipe et d'un projet et de voir en même temps cette équipe agir pour un projet concurrent ! Des clauses du type suivant sont donc proposées :

Chacune des personnes clés s'engage expressément et irrévocablement à ne pas, directement ou indirectement, notamment par personne interposée ou au travers d'une société ou autre entité :

- occuper un poste d'administrateur, membre du conseil de surveillance ou du directoire, gérant, directeur général, directeur, mandataire social, ou exercer une fonction d'employé ou de consultant ou, plus généralement, toute fonction, rémunérée ou non, dans une autre société ou entité qui exerce une activité dans le même domaine que celui de la société ;
- utiliser pour son profit ou communiquer à un tiers un secret commercial, un savoir-faire ou une information confidentielle appartenant à la société ;

● ● ● *Amélie Faure*

Quels engagements ?

De non-concurrence ? C'est la moindre des choses. D'exclusivité ? Pourquoi pas, mais les clauses de good et bad leaver : jamais. Encore une fois, le fameux défaut d'alignement. Imaginez que le comité de rémunération décide pour vous d'un salaire de misère ; vous ne pouvez alors pas utiliser votre liberté de frapper à une autre porte plus compatissante. Non ! Laissez jouer ces subtils équilibres naturels, ils contribuent à entretenir un environnement sain.

• détenir toute participation dans le capital d'une autre entreprise exerçant une activité concurrente ou similaire de celle effectivement exercée par la société.

Il est en général prévu que cet engagement perdure, même lorsque la personne clé quitte l'entreprise. La clause est alors complétée par des interdictions telles que :

• solliciter ou démarcher tout salarié ou mandataire social de la société en vue de l'employer directement ou indirectement, que ce soit à titre de salarié, de consultant ou de mandataire social, et ;

• solliciter ou engager l'un quelconque des clients et/ou fournisseurs avec lesquels la société aurait entretenu des relations commerciales.

Pour être valable en droit, ce type d'obligations est assorti de l'engagement de la société d'indemniser la personne qu'elle souhaite soumettre à la clause de non-concurrence.

Comment aborder les questions de propriété intellectuelle ?

La propriété intellectuelle est un des éléments clés de la valeur d'une entreprise. Il est donc là aussi tout à fait légitime de voir dans les pactes une clause au moins concernant ce sujet.

La règle générale est que la société soit seule détentrice des droits de propriété sur toute invention, méthode, produit, etc. utilisés par la société préalablement à l'investissement ou développés postérieurement.

Les fondateurs doivent également s'engager sur le fait que les produits qu'ils ont développés préalablement à l'investissement appartiennent en totalité à la société, ou que des accords ont été passés avec tous les ayants droit lorsque nécessaire, et qu'ils ne sont donc exposés à aucune revendication de la part de tiers sur ce point.

Exemple de clause :

Les fondateurs s'interdisent, tant pendant la durée pendant laquelle ils exerceront une fonction salariée ou de mandataire social au sein de la société qu'après leur départ, de déposer ou protéger de quelque façon que ce soit, en leur nom, directement, ou indirectement par personne interposée, tous droits intellectuels et industriels nécessaires à l'activité exercée par la société ou les filiales. Ils s'engagent, pour toute la durée de leurs fonctions au sein de la société, à déposer et protéger lesdits droits exclusivement au nom de la société, afin que cette dernière puisse en jouir et en disposer librement en qualité de propriétaire.

De quel degré de liberté peut-on disposer dans les cessions d'actions ?

La valeur d'une entreprise se traduit directement dans la valeur des actions qui constituent son capital, cette valeur n'apparaissant de façon tangible que lors d'une transaction : cession, augmentation de capital, fusion par échange de titres, etc., c'est-à-dire lors d'un transfert de titres. Rappelons par ailleurs que tout propriétaire d'actions bénéficie de droits et peut plus ou moins peser sur certaines décisions dans la vie de l'entreprise. Dès lors, il semble assez logique qu'investisseurs et fondateurs souhaitent en général réguler les transferts de titres pour assurer une certaine maîtrise du capital.

Plusieurs types de clauses prennent place dans les pactes :

- liberté de transfert ;
- droit de préemption ;
- droit de sortie conjointe ;
- sortie forcée ;
- buy or sell.

La liberté de transfert

Cette clause, mal nommée, a en fait pour objet de limiter la cession des titres des fondateurs. L'objectif pour l'investisseur est de s'assurer que les fondateurs gardent la motivation la plus grande possible en conservant le maximum de titres et donc le maximum de gains potentiels.

Exemple de clause :

Les fondateurs s'engagent irrévocablement à ne procéder, pendant une durée de trois (3) ans, au transfert d'aucun des titres qu'ils détiennent ou détiendront (directement ou indirectement). Par ailleurs, les fondateurs s'engagent irrévocablement à ne procéder à aucun nantissement, constitution de sûreté ou de gage ou remise en garantie de tout ou partie de leurs titres, ni à aucun acte pouvant avoir pour effet, immédiatement ou à terme, de restreindre la jouissance ou la libre disposition desdits titres.

Ces clauses sont parfois assouplies par ce que l'on appelle poétiquement les «clauses de respiration».

Exemple :

Nonobstant les stipulations de l'article précédent, les fondateurs auront le droit de procéder, pendant cette période d'incessibilité, en une ou plusieurs fois, au transfert de titres représentant un maximum global de 5 % des titres que chacun d'entre eux détient à la date de l'augmentation de capital.

Encore une fois, il est bien difficile pour un entrepreneur de s'opposer à ce principe d'incessibilité. En effet, il serait peu acceptable pour un investisseur de constater que le dirigeant sur lequel il a parié réalise une partie significative de son capital, ce qui limiterait pour lui l'enjeu du projet d'entreprise et, au-delà, assouvirait peut-être tout appétit de réussite financière.

Le droit de préemption

Le principe de ce type de clause est assez simple. Il stipule que chaque cédant potentiel consent aux autres actionnaires le droit de se substituer à un éventuel acquéreur. Le droit de préemption permet ainsi aux actionnaires d'une société de contrôler, lorsqu'ils en ont les moyens, l'arrivée dans le capital de nouveaux entrants.

Imaginons, par exemple, une société dont le capital est détenu par ses deux fondateurs F1 et F2 et un investisseur I. F1 décide de céder une partie de ses parts à une personne extérieure au capital, E, pour un montant total de M. Dans ce cas, F2 et I ont le droit de se substituer à E en achetant pour un montant M les actions que F1 souhaite céder.

Dans la pratique, les clauses d'un pacte relatives au droit de préemption sont assez complexes à rédiger, car le prix auquel pourrait se réaliser une transaction est souvent difficile à juger. Mais ces clauses protègent aussi bien les fondateurs que les investisseurs (même si les fondateurs n'ont pas toujours les moyens financiers d'activer leur droit) et elles restent donc faciles à négocier.

Le droit de sortie conjointe

Rappelons deux choses :

- Les investisseurs prennent souvent des positions minoritaires dans le capital des sociétés et ne bénéficient de ce fait que d'une très faible liquidité. En effet, les acheteurs d'une société petite ou moyenne sont en général intéressés par une prise de contrôle, c'est-à-dire par une acquisition d'au moins 50 % des parts de ladite société.

- Les investisseurs parient sur une équipe. Il est donc légitime qu'ils veuillent sortir du capital de l'entreprise lorsque les fondateurs décident de vendre leurs parts.

Ainsi, les financiers proposent généralement des clauses leur permettant de trouver de la liquidité lorsque ces deux types d'événements se produisent.

● ● *Amélie Faure*

Sortie forcée ?

À ne surtout pas oublier, car sinon l'entreprise est l'otage des petits actionnaires qui peuvent faire du chantage au moment de la vente.

Buy or sell ?

Eh oui, à nouveau, si un CEO veut poursuivre son activité de façon indépendante et sans sortie à court terme, il lui faut trouver d'autres solutions de financement.

Le cas des fusions ou revente à un industriel

Il faut se mettre d'accord dès le funding sur les sorties possibles et les identifier clairement : qui et quand ? Et puis, le job du CEO (presque autant que de faire du business) est de nouer ces contacts auprès des acquéreurs potentiels et d'entretenir dans la durée ces relations. Une vente se prépare deux ans à l'avance et implique en général des partenaires qui se connaissent bien.

Exemple de clause :

Les parties bénéficient d'un droit de sortie conjointe leur permettant de céder tout ou partie de leurs titres, dans le cas où une cession ou une souscription aurait pour effet de conférer au cessionnaire ou au nouvel investisseur le contrôle de la société.

De nouveau, ce type de clause peut s'avérer complexe à rédiger, du fait de la difficulté à trouver un accord sur le prix de cession.

Notons que ce type de clause peut également se décliner sous la forme d'un droit de sortie proportionnel, qui permet alors à un actionnaire de sortir du capital à hauteur ou au prorata dans le cas de la cession d'un des actionnaires.

Ces clauses ne posent en général pas de problème de négociation, car elles bénéficient le plus souvent à l'ensemble des actionnaires.

La sortie forcée

Pas de commentaire particulier sur ce type de clause, très fréquente également. Il s'agit de s'assurer que, si une certaine proportion d'actionnaires décident de céder leurs parts, alors il leur sera possible d'entraîner avec eux la totalité des actionnaires de l'entreprise. Certains acheteurs posent en effet comme condition à toute acquisition le fait de pouvoir détenir 100 % du capital de la cible. Cela donne une totale liberté sur toute opération capitalistique future : intégration, fusion, cession, etc.

Exemple de clause :

Il est convenu que, dès lors qu'un actionnaire ou un groupe d'actionnaires (la partie bénéficiaire) viendrait à détenir, directement ou indirectement, plus de 85 % du capital de la société, chacune des parties qui détiendrait alors tout ou partie du reliquat des titres de la société devrait les céder au bénéficiaire, si le bénéficiaire lui en faisait la demande.

La clause de liquidité (ou buy or sell)

Nous touchons avec ce type de clause un point particulièrement sensible dans la relation investisseur/entrepreneur. Rappelons que le métier de capital-risqueur consiste à lever de l'argent auprès de sous-cripteurs, investir cet argent, accompagner les entreprises financées dans leur parcours de création de valeur, puis à sortir du capital de ces entreprises afin de restituer l'argent investi et les plus-values aux souscripteurs. Il n'y a pas de capital-risque sans sortie. Or, une fois encore, les investisseurs prennent le plus souvent des positions minoritaires et ne maîtrisent donc que très partiellement les événements de liquidité. Il est du coup essentiel pour eux de s'assurer que les fondateurs feront leurs meilleurs efforts pour trouver ces opportunités de sortie et leur permettre d'exercer leur métier.

Pour autant, les entrepreneurs peuvent souhaiter garder le contrôle de leur entreprise et se réserver le droit de décider de la poursuite ou non de son activité, de manière indépendante ou en s'adossant à un groupe. Il leur est ainsi parfois difficile de s'engager vis-à-vis des financiers à trouver coûte que coûte une solution de cession de leurs titres.

Le scénario de sortie idéal pour les deux parties est bien entendu la cotation des titres de l'entreprise. Mais cela ne concerne malheureusement que très peu de cas. Les autres scénarios impactent en général assez fortement les fondateurs : cession industrielle, fusion avec une entreprise cotée, rachat par les fondateurs des parts des investisseurs par LBO, etc. La question que doit se poser l'entrepreneur est donc celle de savoir s'il accepte de partager le projet «financier» des investisseurs, et par là même de prendre le risque d'une possible perte de contrôle de son entreprise.

Les clauses de buy or sell sont souvent âprement discutées. Elles peuvent prendre la forme suivante :

Les parties s'engagent à faire leurs meilleurs efforts pour créer et mettre en place les conditions nécessaires à l'introduction des actions de la société sur un marché réglementé au plus tard au cinquième (5e) anniversaire de la date d'investissement.

Dans le cadre de la réalisation de l'introduction en Bourse, les fondateurs s'engagent, dans la limite de leurs pouvoirs respectifs, à accorder aux investisseurs une priorité de présentation de leurs titres.

Dans le cas où cette solution de liquidité n'aurait pu être trouvée, les parties et la société donnent tous pouvoirs aux investisseurs, qui acceptent, aux fins de confier un mandat à une banque d'affaires ou à un autre intermédiaire en vue de la cession de 100 % des titres.

Les parties s'engagent à coopérer dans le cadre de cette opération, notamment en communiquant les informations qui seraient demandées par le mandataire et/ou le candidat acquéreur.

> ──────── *À retenir* ────────
>
> Il est clair que l'arrivée d'investisseurs dans une entreprise donne de la rigidité à la structure du capital, avec pour objectifs d'intensifier le contrôle, de sécuriser la création de valeur, de renforcer les droits de certains minoritaires (particulièrement ceux des financiers) et de faciliter la sortie. Mais ce n'est pas étonnant, lorsque l'on a compris que le métier d'un financier n'est rien d'autre que (d'essayer) de faire gagner de l'argent à ses souscripteurs. Notons au passage que les décisions que leurs partenaires financiers prennent sont souvent un excellent indicateur (parfois un garde-fou) pour les entrepreneurs qui ont le souci de s'enrichir.

Il faut noter ici que, dans de nombreux cas, les clauses de buy or sell ne sont pas vraiment applicables. Comment imaginer en effet que des investisseurs puissent vendre, même s'ils en ont le droit, la totalité des actions de l'entreprise dans laquelle ils ont investi, sans l'accord du management de celle-ci ? La performance et la valeur d'une jeune entreprise de technologie restent longtemps liées à l'implication de ses fondateurs et dirigeants. Les acheteurs de ce type de société le savent bien, et ils voudront donc s'assurer, lors d'une acquisition, du plein engagement de ces derniers.

Quand bien même la clause de buy or sell aurait été signée par les entrepreneurs lors de l'arrivée des investisseurs, il n'y a donc souvent de sortie possible qu'en trouvant un compromis entre les parties. Ce qui met de nouveau en lumière qu'une levée de fonds ne peut s'envisager que s'il existe une vraie confiance entre les protagonistes.

© Groupe Eyrolles

Comment négocier
les clauses de préférence?

Nous avons vu dans cet ouvrage, et notamment dans la fiche *« Comment calculer la valeur de mon projet ou de mon entreprise? »* (p. 73), qu'un des points clés dans la négociation entre investisseurs et entrepreneurs, lors d'une levée de fonds, est de trouver un accord sur la valeur de la société. Celle-ci n'est en effet pas une donnée objective, même si elle peut être en partie « déterminée » par de nombreux facteurs : situation financière de l'entreprise, montant des investissements réalisés, potentiel, estimation du risque, levées de fonds comparables, comparables sur des valeurs de sortie, etc. Il n'est donc pas rare de trouver de grandes différences d'appréciation entre financiers et fondateurs. Comment faire alors lorsque, par exemple, les premiers pensent que la société vaut 5 M€, tandis que les autres l'estiment à 10 M€? Imaginons, en poursuivant l'exemple, que les fondateurs souhaitent lever 3 M€. Dans le premier cas, ils conserveraient 77 % de leur capital après l'opération; dans le second, ils ne conserveraient plus que 62,5 %. L'enjeu est de taille!

Une des solutions pour traiter ce problème est de revenir à l'objectif premier d'un investisseur, qui est de faire des plus-values. Celui-ci peut en effet accepter la valeur proposée par les fondateurs en demandant en échange des « droits de priorité lors de cession, de fusion, ou de liquidation ».

Un exemple de ce type de clause :

Les parties conviennent à l'avance de procéder à une répartition particulière de la contrepartie globale résultant pour elles d'une telle opération.

Cette répartition ne se fera pas au prorata de la participation de chaque partie dans le capital de la société, mais en fonction de règles de péréquation destinées principalement à permettre à l'investisseur de bénéficier pour les actions qu'il détient, à titre de priorité, d'un prix ou d'une contrepartie au moins égal au prix de revient de ses actions.

Pour le cas où interviendrait un transfert de titres, le montant résultant de ce transfert serait réparti selon la procédure suivante :

1. Versement à l'investisseur d'un montant égal à une fois le prix de revient des titres correspondants, puis, s'il existe, un solde ;

2. Répartition du solde du montant entre les parties proportionnellement à leur représentation au capital de la société.

Reprenons notre exemple : les investisseurs ont accepté la valeur proposée par les fondateurs. Ils investissent 3 M€ en échange de quoi ils n'obtiennent que 23 % des actions de l'entreprise au lieu des 37,5 % espérés. Mais, grâce à la clause de préférence, leur plus-value est en partie « assurée ». En effet, prenons le cas d'une cession totale de l'entreprise, quelques années après l'augmentation de capital, et observons les montants que toucheront respectivement les fondateurs et les investisseurs en fonction du prix de vente.

Prix de vente	Priorité investisseurs	Solde	Part des fondateurs	Part des investisseurs	Part réelle fondateurs	Part réelle investisseurs
	3 000 000		77 %	23 %		
30 000 000	3 000 000	27 000 000	20 790 000	6 210 000	69,3 %	30,7 %
20 000 000	3 000 000	17 000 000	13 090 000	3 910 000	65,5 %	34,6 %
15 000 000	3 000 000	12 000 000	9 240 000	2 760 000	61,6 %	38,4 %
10 000 000	3 000 000	7 000 000	5 390 000	1 610 000	53,9 %	46,1 %
6 000 000	3 000 000	3 000 000	2 310 000	690 000	38,5 %	61,5 %
4 000 000	3 000 000	1 000 000	770 000	230 000	19,3 %	80,8 %

On voit dans cet exemple que si l'entreprise est vendue 20 M€, la répartition induite par la clause de préférence donnera environ 13 M€ aux fondateurs et 7 M€ aux investisseurs, leur assurant un multiple d'un peu plus de deux par rapport à l'investissement initial.

Sans cette clause, ce scénario pourtant heureux (la valeur de l'entreprise a été doublée par rapport à celle retenue pour l'augmentation de capital) n'aurait assuré qu'un multiple d'à peine plus de 1,5 aux financiers.

Par ailleurs, ce type de clause protège les investisseurs lorsque, malheureusement, la société ne performe pas bien. Pour une valeur de cession de 4 M€, largement en dessous de celle estimée lors de l'augmentation de capital, les investisseurs font une légère plus-value de 230 K€.

Enfin, dans les cas d'une très forte performance, les effets de la clause de préférence s'estompent. On voit dans le tableau que pour une valeur de cession de 30 M€,

—— *Mon conseil* ——

La meilleure façon de négocier la valorisation d'une entreprise est de se poser la question du partage de la valeur. Quel est le plan de l'entreprise, et en particulier son plan financier ? À quelles étapes aura-t-on besoin d'argent, et de combien ? Quelle est la valeur créée entre chacune des étapes ? Comment se partage cette valeur, entre entrepreneurs et investisseurs ? Des réponses à ces questions découleront valeur de l'entreprise et répartition du capital.

la part réelle des fondateurs est déjà de plus de 69 %, se rapprochant des 77 % apparaissant formellement dans la répartition du capital.

Il existe, en réalité, une infinie variété de clauses de préférence :

- certaines ne s'appliquent que lors d'événement de liquidation de la société ;

- d'autres cessent leurs effets dès que le multiple atteint par les investisseurs dépasse un certain seuil ;

- d'autres encore sont plus conservatrices, sont doublées, voire triplées (les investisseurs touchent en priorité 2 ou 3 fois les montants investis) ;

- etc.

Mais attention, malgré tout, à ne pas tomber dans le piège de clauses trop complexes : cela fait souvent perdre du temps et de l'énergie lors des négociations, et s'avère dans la plupart des cas inapplicable, faute de clarté. Les seuls gagnants sont les avocats des deux parties !

Il faut retenir qu'une négociation sur la valeur de l'entreprise n'est pas complète tant que la question d'éventuelles clauses de préférence n'a pas été traitée. Question qu'il est bon d'aborder avec sérénité, car elle permet de parler très concrètement des attentes financières des différentes parties. Il s'agit en fait de préciser qui veut gagner combien, en fonction des différents scénarios de performance de l'entreprise.

● ● ● *Amélie Faure*

Les clauses de préférence ?

Ces clauses sont terriblement dangereuses pour l'entreprise et ses fondateurs : ingérables, elles créent des frustrations terribles plusieurs années plus tard pour le management et le démotivent totalement. Elles complexifient la structure du capital avec des couches empilées de « liquidation preferences » très gênantes en cas de sortie. Elles ne font finalement que le bonheur des avocats : elles sont longues à définir, longues à mettre en place, et il est long d'en sortir. Dans « capital-risque », il y a le mot « risque ». Ce risque doit être partagé de façon équitable en cas de performance ou de difficultés ; et qui, plus que l'entrepreneur, prend des risques personnels ? Il est possible de les éviter en leur préférant une valorisation moins importante.

Comment négocier
les clauses de ratchet ?

Le principe des clauses de ratchet est de permettre d'ajuster la valeur d'entrée au capital des investisseurs, postérieurement à cette entrée, en fonction de certains événements prédéterminés.

De même que pour les «clauses de préférence», les ratchets ont comme origine la grande difficulté, pour les investisseurs et les fondateurs, de s'entendre sur la valeur de l'entreprise lors d'une augmentation de capital.

Reprenons notre exemple d'une société valorisée 10 M€ par ses fondateurs et 5 M€ par les investisseurs. Et imaginons que les fondateurs souhaitent lever 3 M€. Pour couper court aux négociations, les financiers peuvent proposer une clause de ratchet, aux termes de laquelle ils acceptent la valorisation des fondateurs, à la condition que l'entreprise atteigne un certain nombre d'objectifs, à des horizons de temps définis (un chiffre d'affaires, une rentabilité, la mise sur le marché d'un nouveau produit, etc.). Si ces objectifs (on parle aussi de «milestones») sont atteints, alors il n'y a pas de changement dans la répartition du capital. Mais si ce n'est pas le cas, les investisseurs se trouvent «relués», c'est-à-dire qu'il leur est attribué «gratuitement» un nombre prédéfini d'actions nouvelles, modifiant la répartition du capital. Poursuivant l'exemple, on peut ainsi imaginer que les investisseurs ne détiennent dans un premier temps que 23 % du capital, en contrepartie de leur apport de 3 M€, mais que, faute pour l'entreprise d'atteindre certains objectifs, cette participation soit portée à 37,5 % (ce qui correspond à la valeur qu'ils proposaient initialement).

Notons que les clauses de ratchet peuvent, selon les cas :

- bénéficier aux investisseurs : ceux-ci acceptent une valeur initiale forte et se font reluer si l'entreprise rate ses objectifs ;
- ou bénéficier aux fondateurs : ils acceptent une valeur initiale faible mais sont relués si l'entreprise atteint ses objectifs.

Attention cependant à ne pas abuser de ce type de clauses. Il peut être très tentant d'éviter une négociation au moment de l'augmentation de capital, et de repousser la question de la valeur à plus tard, en partant du principe qu'il est plus facile de juger une entreprise *a posteriori* qu'*a priori*. Cela semble tenir du bon sens. Mais dans la pratique, les choses sont beaucoup plus complexes. Il est en effet très difficile, lorsqu'il s'agit de jeunes entreprises technologiques, de prévoir, même six mois à l'avance, les événements auxquels elle sera confrontée. Et il est parfois nécessaire de prendre des décisions qui remettent en cause les objectifs fixés initialement.

Prenons l'exemple d'un objectif qui porterait sur la rentabilité de l'entreprise à douze mois. Et mettons-nous dans la situation où une action forte et inattendue de la concurrence amène, six mois après la définition de cet objectif, et pour le bien de l'entreprise, à décider d'une augmentation significative du budget marketing. Quel dilemme pour les dirigeants ! Que privilégier ?

1. Aller dans le sens de l'entreprise, c'est-à-dire augmenter le budget marketing ? Cela pourrait avoir un impact négatif sur le résultat, au moins dans un premier temps, et risquerait de faire rater l'objectif. Ce qui voudrait dire relution des investisseurs, et donc dilution des entrepreneurs !

2. Ou choisir l'atteinte de l'objectif initial, et éviter une dilution capitalistique ? Cela mettrait en danger l'entreprise.

Cet exemple montre que, même si elles permettent de rapprocher investisseurs et entrepreneurs lors de négociations, parfois dures, les clauses de ratchet posent le problème de placer potentiellement le management dans un conflit d'intérêt, ce qui n'est bon pour personne. Voir également la fiche « *Quel risque y a-t-il pour un entrepreneur à «arranger» ses chiffres pour séduire les financiers ?*» (p. 52).

Les clauses de ratchet sont par ailleurs largement utilisées pour protéger les investisseurs d'éventuelles dilutions, dues à de nouvelles augmentations de capital basées sur des valeurs en baisse par rapport à leur valeur d'entrée.

● ● ● *Amélie Faure*

Les clauses de ratchet positives

Le minimum est de les faire jouer de façon positive : reluer les fondateurs en cas d'atteinte ou de dépassement d'objectifs est un exercice sain. L'inverse ne l'est pas.

Reprenons notre exemple, et imaginons que des financiers réalisent un investissement de 3 M€ dans l'entreprise, en acceptant la valeur pre money de 10 M€ proposée par les fondateurs. Cette opération permet aux investisseurs d'accéder à 3/13e, soit 23 % du capital. Mettons-nous alors dans la situation où, quelque temps après, une nouvelle augmentation de capital est nécessaire et que, pour telle ou telle raison (mauvaise performance de l'entreprise, retard dans le business plan, conditions de marché, etc.) la valeur proposée par les nouveaux entrants est inférieure à 13 M€, disons 8 M€. La clause de ratchet permet dans ce cas aux investisseurs historiques de recevoir «gratuitement» un certain nombre d'actions, de manière à ramener leur participation à la hauteur de ce qu'elle aurait dû être, si la première opération s'était faite sur la base de la nouvelle valeur. Dans l'exemple, leur participation passe alors de 3/13 à 3/8, soit 37,5 % du capital, avant nouvelle augmentation de capital, à laquelle ils peuvent ou non décider de se joindre.

Sur quels points de la garantie de passif faut-il être attentif?

La garantie de passif est un document par lequel les dirigeants garantissent que les chiffres présentés dans les bilans et comptes de résultats reflètent bien la réalité de l'entreprise. Ainsi, si dans la phase post-investissement des différences venaient à apparaître à l'actif ou au passif des postes comptables, l'entrepreneur serait contraint d'indemniser l'investisseur à hauteur de ces différences. Il s'agit bien sûr de garantir les chiffres relatifs aux exercices passés et en cours (il n'y en a pas si l'entreprise vient de se créer), et non les chiffres présentés dans le business plan concernant le futur.

Imaginons par exemple une société ayant été créée un an avant une première levée de fonds, et présentant un résultat d'exploitation, pour son premier exercice, de 100 K€, pour un chiffre d'affaires de 1 M€. Imaginons toujours que, dans son deuxième exercice, après l'investissement, une facture (disons de 200 K€) émise en fin de premier exercice et non payée à la date de clôture se trouve contestée par son destinataire. Supposons encore que, pour de multiples raisons, une transaction soit nécessaire et qu'un avoir de 50 K€ soit émis. Cet avoir «réduira *a posteriori*» le résultat de l'exercice passé de 50 K€, le ramenant à 50 K€, et déclenchera du même coup la garantie de passif.

Il est facile de comprendre que la garantie de passif paraisse parfois bien lourde aux dirigeants. Comment être certain, en effet, qu'un client «mauvais coucheur», cela existe, ne remettra jamais en cause une prestation? Quid d'un employé licencié récemment et qui assignerait aux Prud'hommes, post-investissement, l'entreprise? Et que dire encore d'éventuels contrôles fiscaux ou sociaux?

À l'opposé, il est également aisé de concevoir que les investisseurs souhaitent avoir une vision exacte de l'entreprise dans laquelle ils investissent. Et, mettons les pieds dans le plat, ils veulent être rassurés sur le fait que le management de l'entreprise ne leur cache rien. Les entrepreneurs peuvent en effet être tentés de passer sous silence certains risques, pensant que leur évocation pourrait avoir des conséquences sur la valorisation de leur entreprise. Or, qui est mieux placé que le management lui-même pour rassurer sur le sujet?

Difficile donc d'échapper à ce type de contrat. Pour autant, en gardant à l'esprit que l'objectif est essentiellement d'amener les entrepreneurs à donner le maximum de transparence aux investisseurs, la garantie de passif peut devenir parfaitement acceptable. En effet, plusieurs clauses permettent de bien circonscrire son périmètre :

- La durée : il est tout à fait admissible de considérer que des événements qui interviendraient 12, 18 ou 24 mois après l'investissement ne trouvent pas leur origine avant celui-ci. Dit autrement, si un client doit se plaindre ou qu'un employé licencié doit contester son renvoi, il le fait en principe dans un délai limité. Ce «délai limité», assez subjectif, doit être négocié entre investisseurs et entrepreneurs. Si rien ne se passe dans le délai fixé par la garantie, celle-ci perd toute force.

- Notons que, pour ce qui est d'éventuels contrôles fiscaux et sociaux, il existe des délais légaux à l'intérieur desquels les pouvoirs publics se donnent le droit d'intervenir. Les garanties de passif distinguent donc souvent deux limites de durées : une première durée, négociée entre les parties, applicable aux événements liés à la gestion courante de l'entreprise, et une seconde durée, calquée sur les durées légales, correspondant aux éventuels contrôles.

- Les exclusions : il est clair que la garantie de passif pousse l'entrepreneur à porter à la connaissance des investisseurs tous les éléments du passif qu'il connaît, au moment de l'évaluation de sa société. Mais il est conseillé également de lister l'ensemble des risques, mêmes faibles, de voir survenir certains incidents (client, fournisseur, RH, ou autre) qui pourraient avoir un impact sur les comptes de l'entreprise. Il sera alors possible de négocier avec l'investisseur le fait d'exclure, avec ou sans impact sur la valorisation, ces risques de la garantie.

- **La limite de garantie** : chacun comprendra que la garantie puisse être limitée dans son montant. À négocier entre les parties.

- **La franchise** : encore une fois, l'objet d'une garantie de passif est d'assurer une transparence. Et chacun sait bien qu'il est impossible d'assurer l'absence totale d'incidents de paiement, d'oubli de prise en compte de petites factures à recevoir, etc. C'est pourquoi investisseurs et entrepreneurs conviennent souvent que, jusqu'à un certain montant, la garantie de passif ne se déclenche pas.

- **La nature et le montant des indemnités** : la garantie de passif doit prévoir la façon dont les investisseurs sont indemnisés en cas de problème. Dans la plupart des cas, les parties conviennent que la pénalité appliquée est une relution des financiers, au détriment des entrepreneurs. Dans de rares situations, il peut être prévu une indemnisation en cash. Pour ce qui est du montant de l'indemnité, en titres ou en cash, il est lui aussi, bien sûr, à négocier, et varie énormément d'une situation à une autre. Dans les cas où il apparaît que l'entrepreneur a manifestement voulu cacher un risque important dont il avait connaissance, la « sanction » peut être importante. Et au-delà de la sanction, c'est la relation même entre investisseur et entrepreneur qui est mise à mal. Dans les autres cas, s'il s'avère que le problème ne pouvait être anticipé, la « sanction » peut être plus symbolique.

Les autres clauses classiques d'une garantie, notamment celle relative à l'obligation d'information des investisseurs, ne posent en général pas de problème.

Retenons pour conclure et aider les entrepreneurs dans leur négociation de ce type de contrat qu'il s'agit avant tout de confiance et de transparence.

Glossaire

Acquisition : Processus par lequel une entreprise prend le contrôle d'une autre. L'objectif peut être de croître, de prendre le contrôle d'une technologie ou d'un savoir-faire, d'accéder à des marchés nouveaux, de se diversifier, etc. Les financiers n'entrent dans une entreprise que lorsqu'ils sont confiants sur le fait qu'elle sera un jour la cible d'acquéreurs.

Actions de préférence : Voir « Série A ».

Advisory board : Ensemble de personnalités que l'entrepreneur regroupe autour de lui pour le conseiller et lui donner accès à des réseaux. Les advisory boards n'ont pas d'existence légale. Ils peuvent être plus ou moins formels.

Anti-dilution : Clauses qui permettent à l'investisseur de conserver une part constante du capital d'une entreprise.

Benchmarking : Appelé aussi « méthode des comparables », c'est un outil d'évaluation d'un projet, utilisé en particulier lorsque l'on cherche à déterminer la valeur d'une entreprise.

Bridge loan : Prêt accordé à une entreprise par ses investisseurs. Ces prêts sont souvent mis en place lorsque l'entreprise, à court de cash, est dans l'attente de la réalisation d'une opération sur le capital : nouveau tour d'investissement ouvert à des tiers, cession de l'entreprise, etc. Les bridge loans peuvent être convertibles ou non en actions.

BSA (bon de souscription d'action) : Valeur mobilière qui donne le droit à son souscripteur d'acheter dans le futur une action à un prix fixé au moment de la souscription. Un BSA peut être émis sec ou attaché à une action. Dans ce dernier cas, il est en général utilisé comme variable d'ajustement du prix de l'action.

BSPCE (bon de souscription de part de créateur d'entreprise) : Valeur mobilière de type BSA qui bénéficie d'un régime fiscal et social de faveur. Les BSPCE sont utilisés comme instrument de motivation de certaines personnes clés de l'entreprise.

Burn rate : Montant de cash net, en général mensuel, dont l'entreprise a besoin pour vivre. Cet indicateur permet de mesurer la durée de vie de l'entreprise sur ses ressources propres.

Business angel : Personne qui investit une partie de son patrimoine personnel dans une entreprise, en échange de capital. Il intervient le plus souvent dans la phase de démarrage d'un projet. Le business angel consacre en général du temps à l'entreprise et lui ouvre ses réseaux.

Buy-back : Le fait pour les dirigeants d'une entreprise financée de racheter les parts détenues par les investisseurs (souvent par le biais d'un MBO).

Capital d'amorçage : Capital destiné à financer les projets d'entreprise très en amont (early stage).

Capital-risqueur : Venture capitalist (VC).

Capitalisation (market cap) : Valeur totale d'une entreprise. Facile à calculer pour une entreprise cotée. Difficile à évaluer et objet de longues négociations entre entrepreneurs et financiers pour une entreprise non cotée.

Carried interest : Part de la performance réalisée par un fonds destinée à la société de gestion et aux gestionnaires. Outil de motivation des gestionnaires du fonds.

Cession : Processus par lequel une entreprise cède ses actifs à une autre. La cession est le mode de sortie le plus fréquent des investisseurs.

Cession industrielle : Vente d'une entreprise à un acheteur ayant des motivations pas seulement financières.

Closing : Correspond à la signature d'une opération d'investissement.

Co-investissement : Investissement commun entre plusieurs financiers. On parle aussi de «syndication». Attention à bien vérifier la compatibilité d'objectifs entre les différents acteurs intervenant dans une opération.

Common stock : Voir «Série A». Les common stocks désignent souvent les actions détenues par les actionnaires avant l'arrivée des investisseurs. Aucun droit particulier n'y est attaché. L'arrivée des financiers amène en général l'entreprise à émettre des actions de préférence, qui leur sont réservées.

Deal-flow : Flux des dossiers qui arrivent ou sont instruits par une société de capital-risque.

Dilution : Réduction du pourcentage d'actions détenues par un actionnaire, causée par une augmentation de capital non suivie par l'actionnaire dilué.

Down run : Tour de table réalisé sur une valorisation de l'entreprise inférieure à celle affichée par le tour précédent. À éviter!

Drag-along : Droit de sortie forcée. Voir les fiches ayant trait au pacte d'actionnaires.

Due diligence : Ensemble des actions menées par les investisseurs dans le cadre de l'étude d'un dossier d'investissement.

Early stage : Stade de développement d'une entreprise très en amont. La technologie est en cours de finalisation. Il n'y a pas encore de clients.

Elevator pitch : Présentation orale très succincte du projet d'entreprise, destinée aux investisseurs. Doit en principe durer le temps de monter ou de descendre d'une tour en ascenseur.

Événement de liquidité : Événement qui permet à un financier de sortir en totalité ou en partie du capital d'une entreprise.

Fonds secondaire : Désigne une société de gestion dont l'activité est de reprendre aux sociétés de capital-risque les (parts des) entreprises de leur portfolio qu'elles n'ont pas pu «rendre liquides».

Hands on : Un investisseur hands on est un investisseur qui s'implique dans le suivi et le développement des entreprises qu'il finance.

Hands off : Qualifie un investisseur passif, un sleeping partner.

IPO (Initial Public Offering) : Première cotation sur un marché public d'une entreprise. Inscription en Bourse.

LBO (Leverage Buy Out), MBO (Management Buy Out) : Voir « Buy-back ». Le fait pour un groupe de personnes ou pour le management d'une entreprise d'acheter une entreprise, en finançant l'acquisition pour partie avec de la dette remboursée grâce aux résultats financiers de la cible (on parle d'effet de levier).

Lead investor : Investisseur leader dans une opération de co-investissement.

Levée de fonds : Ce terme désigne aussi bien le fait pour une société de capital-risque de rassembler de l'argent auprès de souscripteurs, en vue de l'investir dans des entreprises, que le fait pour une entreprise de solliciter auprès d'investisseurs de l'argent, en vue de l'investir dans son propre développement.

Leveur de fonds : Cabinet de conseil dont le rôle est d'aider les entrepreneurs à bâtir un projet « vendable » aux financiers. Les leveurs de fonds rédigent les documents de présentation de l'entreprise (business plan), sollicitent les investisseurs puis assistent les entrepreneurs dans la présentation de leur société, et lors des négociations avec les financiers.

Milestones : Certaines opérations de capital se font en plusieurs versements, dont les conditions dépendent de la réussite d'objectifs (on parle de milestones) fixés entre entrepreneurs et investisseurs. Les montants versés peuvent varier, ainsi que les valeurs pre money retenues pour ces versements. Parfois, la valeur post money ayant servi de base à un versement passé peut même être recalculée *a posteriori*, si l'entreprise n'atteint pas un des milestones fixés.

Montant sous gestion : La somme totale d'argent gérée par une société de capital-risque.

NDA (Non Disclosure Agreement) : Document par lequel les investisseurs qui se lancent dans l'étude d'un dossier d'investissement s'engagent sur la confidentialité des informations auxquelles ils accèdent au cours de cette étude.

Période de lock-up : Désigne aussi bien :

• La période pendant laquelle certains actionnaires n'ont pas la possibilité de vendre leurs actions. Lors d'une inscription en

Bourse, par exemple, une période de lock-up est en général imposée aux plus gros actionnaires, pour éviter des impacts trop forts sur le cours.

- La période pendant laquelle, lors de la cession d'une entreprise, certaines personnes clés de l'entreprise vendue sont tenues de rester dans l'entreprise acheteuse.

Portfolio : Ensemble des entreprises dans lesquelles une société de capital-risque détient des parts.

Préférence de liquidation : Voir les fiches sur le pacte d'actionnaires.

Prime d'émission : Différence entre le prix de souscription des actions et leur valeur nominale. La prime d'émission s'intègre dans les capitaux propres de l'entreprise.

Prix de souscription : Prix auquel sont émises les actions lors d'une augmentation de capital.

Relution : Augmentation du pourcentage d'actions détenues par un actionnaire, due à la participation à une augmentation de capital, non suivie par l'ensemble des actionnaires.

Rinçage : Qualifie une dilution très forte appliquée aux actionnaires d'une entreprise qui ne peuvent (ou ne souhaitent) pas participer à une augmentation de capital, lorsque celle-ci se fait sur une valorisation très faible, et que les montants investis sont proportionnellement importants. Exemple : A et B sont actionnaires de l'entreprise E. A détient 70 % du capital, B 30 %. Une augmentation de capital de 2 M€ est votée, sur une valeur pre money de 100 000 €. B ne souhaite pas participer. Après l'opération, il ne possédera plus que 1,4 % de l'entreprise, contre 98,6 % pour A.

Série A : Les investisseurs demandent souvent, lors de leur entrée au capital d'une société, des droits particuliers : sortie prioritaire, préférence, ratchet, etc. Cela se formalise par l'émission d'actions de préférence auxquelles sont attachés ces droits. Pour les différencier des autres actions (comon shares), ces actions nouvelles sont en général labellisées : actions de série A. Lorsqu'il y a une seconde augmentation de capital, et que les droits attachés aux actions émises sont différents des droits accordés au premier tour, l'entreprise émet des actions de série B. Et ainsi de suite, pour les tours suivants.

137

Série B : Voir «Série A».

Situation de trésorerie : Montant de cash disponible dans l'entreprise. L'objet de toutes les attentions de l'entrepreneur… et de ses partenaires financiers.

Stock-option : Valeur mobilière de type BSA qui bénéficie d'un régime fiscal et social de faveur. Les stock-options sont utilisées comme instrument de motivation de certaines personnes clés de l'entreprise.

Stratégie de sortie : Stratégie de création de valeur amenant à développer dans l'entreprise les qualités maximisant les chances de sortie des investisseurs. Ensemble des actions à mettre en œuvre pour donner de la liquidité (aux meilleures conditions) aux parts détenues par les investisseurs.

Syndication : Voir «Co-investissement».

Table de capitalisation : Tableau présentant les différents actionnaires d'une société et les montants de capital détenus. La table de capitalisation indique en général la répartition du capital «non dilué», et celle du capital «totalement dilué». Pour passer de la première à la deuxième, on active virtuellement toutes les options : stock-options, BSA, BSPCE, etc.

Term sheet : Résumé de l'ensemble des conditions d'un deal. La term sheet correspond à une proposition d'investissement et décrit de façon sommaire l'ensemble de l'opération : valeur pre et post money, montant apporté, principales clauses du pacte d'actionnaires et de la garantie de passif, etc. Les entrepreneurs qui signent une term sheet s'engagent le plus souvent à cesser leur recherche de financement et à faire leurs meilleurs efforts pour faire aboutir le deal. Une term sheet peut représenter un engagement plus ou moins fort de la part des investisseurs (elle est plus ou moins «binding»). Elle peut être conditionnée à la réalisation de certains audits : financier, juridique, technique, etc.

Ticket d'entrée : Montant investi par une société de capital-risque lors d'un premier tour de financement. Selon la taille des fonds gérés, ce montant peut aller de quelques centaines de milliers d'euros à plusieurs millions d'euros. Il est important que l'entrepreneur connaisse ce montant lorsqu'il aborde un investisseur pour déterminer si son projet est ou non dans la cible des projets recherchés.

Tranche : Les fonds négociés lors d'un investissement sont parfois apportés en plusieurs fois : on parle alors de tranches. Le versement des différentes tranches peut être soumis ou non à la réalisation de certains objectifs (milestones).

TRI (taux de rendement interne) : Mesure de la performance d'un investissement ou plus généralement d'un fonds de capital-risque. C'est le taux par lequel la valeur actualisée nette des encaissements liés à un investissement est égale à la valeur actualisée nette des décaissements réalisés dans le cadre de cet investissement.

Valeur post money : Valeur d'une entreprise après augmentation de capital. La valeur post money d'une entreprise valorisée 4 M€ sera de 6 M€ si l'augmentation de capital est de 2 M€. Souvent, elle représente la valeur de référence des investisseurs lors d'une négociation.

Valeur pre money : Valeur d'une entreprise avant augmentation de capital. Souvent, elle représente la valeur de référence des entrepreneurs lors d'une négociation.

VC : Venture capitalist c'est-à-dire capital-risqueur.

Write-off : Le fait, pour un investisseur, de cesser de passer du temps et d'investir de l'argent dans une des entreprises de son portefeuille.

Annexes

Extrait du site de l'AFIC[1] (juin 2006)

Les véhicules d'investissement indirects peuvent être :

- **Holding financier :** elle peut avoir la forme juridique de toutes les sociétés de capitaux. L'avantage d'une telle structure est sa facilité de mise en place. Elle peut bénéficier du régime fiscal des sociétés mères-filles, et n'a aucune autre contrainte que celle résultant du choix de sa forme juridique. Le régime fiscal du droit commun est toutefois mal adapté aux opérations de capital développement qui se caractérisent par une rotation plus ou moins rapide des investissements. En pratique, la société holding est donc mieux adaptée à la détention de participations stables.

- **Société de capital-risque (SCR) :** c'est une société par actions, c'est-à-dire : SA, SCA, SAS, qui opte pour le régime fiscal particulier des SCR. Ce régime impose que 50 % de la situation nette de la société soient investis en titres non cotés. Néanmoins, depuis la loi de finances pour 2005, les titres cotés d'une capitalisation boursière inférieure à 150 millions d'euros sont éligibles au quota d'investissement des SCR, dans la limite de 20 % de la situation nette comptable. Les investissements des SCR doivent aussi répondre à des critères de division des risques et de niveau de détention des participations. En contrepartie, les SCR bénéficient d'un régime fiscal attractif puisque les résultats – dividendes et plus-values – de leurs investissements dans le secteur non coté ne sont pas imposés dans la SCR; et lorsqu'ils sont distribués bénéficient en outre, sous certaines conditions, d'un régime de faveur chez les actionnaires eux-mêmes. La SCR est en revan-

---

1. AFIC : association fran aise des investisseurs en capital.

che moins bien adaptée au remboursement de leurs apports aux actionnaires.

- **Fonds commun de placement à risques (FCPR) :** c'est un fonds commun de placement, c'est-à-dire une copropriété de valeurs mobilières. Comme l'ensemble des fonds communs, il n'a pas de personnalité morale et est représenté par une société de gestion agréée par la COB. Il est soumis à des obligations légales et fiscales spécifiques en matière d'investissements non cotés et de divisions des risques. Les FCPR sont fiscalement transparents. C'est le véhicule le plus communément utilisé actuellement, car il permet de gérer avec une grande souplesse les apports successifs par les investisseurs et les remboursements au fur et à mesure des désinvestissements.

- **Fonds communs de placement dans l'innovation (FCPI) :** le fonds commun de placement dans l'innovation est un FCPR dont 60 % au moins des investissements doivent être placés en actions de sociétés non cotées innovantes. Néanmoins, depuis la loi de finances pour 2005, les titres cotés d'une capitalisation boursière inférieure à 150 millions d'euros sont éligibles au quota d'investissement des FCPI, dans la limite de 20 % de l'actif du fonds. En contrepartie, les souscripteurs personnes physiques bénéficient d'un avantage fiscal supplémentaire, sous forme d'une réduction d'impôt sur le revenu égale à 25 % de leur investissement, plafonné toutefois à 12 000 € par personne (24 000 € pour un ménage). Le succès des FCPI depuis leur création révèle un intérêt réel des épargnants pour les investissements non cotés au travers de la structure sécurisante d'un véhicule géré par des professionnels.

- **Fonds d'investissement de proximité (FIP) :** le fonds d'investissement de proximité (FIP) est un FCPR dont 60 % au moins des investissements doivent être réalisés dans des PME non cotées situées dans une même zone géographique (jusqu'à trois régions limitrophes). Depuis la loi dite «Breton» du 26 juillet 2005, les FIP se sont vus reconnaître la possibilité d'investir au même titre que les SCR, FCPR et FCPI dans des titres cotés, sous réserve que les sociétés bénéficiaires aient une capitalisation boursière inférieure à 150 millions d'euros et répondent aux conditions d'éligibilité des sociétés éligibles. En contrepartie, les souscripteurs personnes physiques bénéficient d'un avantage fiscal supplémentaire, sous forme d'une réduction d'impôt sur le revenu égale à 25 % de leur investissement, plafonné toutefois à 12 000 € par personne (24 000 € pour un ménage).

Voir également : *Les Véhicules français de capital investissement : SCR – FCPR – FCPI – FIP, Principes juridiques et fiscaux*, 1ʳᵉ édition, Gualino Éditeur, 2006.

Annexe 2

Extrait du kit de savoir-vivre (CapInTech – www.capintech.com)

Ont participé à la réalisation du kit de savoir-vivre :

Etienne Krieger (Directeur Général, Navidis), **Antoine Garrigues** (Managing Partner, Iris Capital), **Georges Liberman** (PDG, XIRING) **, Philippe Capdevielle** (Président du directoire, Emertec Gestion), **Jean-François Lafaye** (Directeur, Incuballiance), **Marie-Cécile Trillaud** (Directrice, Aquitaine Création Innovation), **Michel Safars** (Executive Advisor, INRIA-Transfert), **François Cavalié** (General Partner, X'Ange Private Equity), **Miya Pellissard-Yadan** (Déléguée Générale, CapInTech), **Elen Riot** (Doctorat HEC), **Laurent Kott** (Président, CapInTech).

CapInTech est l'association pour la Création, l'Amorçage, la Promotion de sociétés Innovantes et Technologiques; elle a été créée sous l'impulsion d'organismes de recherche, de fonds d'amorçage, d'investisseurs et d'entrepreneurs.

Annexe 3

Tableau

CONSTRUIRE LA RELATION ENTREPRENEUR-INVESTISSEUR		AVANT INVESTISSEMENT
	CONSTATS	**CONSÉQUENCES**	REMÈDES cf. *boîte à outils*
Connaissance mutuelle	L'entrepreneur *méconnaît les contraintes* de l'investisseur en terme de plus-value et de sortie. Pas de prise en compte de la notion de cycle de vie d'un fonds.	*Défaut de confiance* réciproque. Affrontements, recadrages tardifs, incompréhension, agressivité...	**Investisseurs,** *COMMUNIQUEZ!* Privilégiez la relation directe, présentez votre métier et vos contraintes. Développez une pédagogie collective ciblée.
Gestion de la réponse	L'entrepreneur n'obtient *pas de réponse* ou une réponse ambiguë	L'entrepreneur reste dans le *flou*.	**Investisseurs,** *RÉPONDEZ!* Donnez des réponses claires, assurez-vous qu'elles sont comprises. Renvoyez vers des interlocuteurs pour approfondir la maturation du projet. Quand vous-même levez des fonds, vous souhaitez des réponses.
Construction d'une relation équilibrée	L'investisseur s'applique à *connaître son futur partenaire*, l'entrepreneur n'ose pas toujours s'informer.	La relation est *déséquilibrée*.	**Entrepreneurs,** *SOYEZ CURIEUX!* Informez-vous sur vos partenaires potentiels dès la phase de rencontre sans craindre de sembler méfiant. Posez les bonnes questions à votre investisseur.
Relation directe	La relation directe est le ciment de la confiance.	La multiplication des acteurs *éloigne* entrepreneur et investisseur : la confiance diminue. • les délais s'allongent, • les *coûts* de transaction augmentent.	**Investisseurs-Entrepreneurs,** *ÉCHANGEZ!* Travaillez en direct. Privilégiez la désignation de conseils communs.
Facteur temps	L'entrepreneur *manque de visibilité* sur le calendrier de levée de fonds. Une vision globale de l'opération fait souvent défaut. La complexité des dossiers de financement s'accroît.	Indications floues ou *contradictoires* des investisseurs. Gestion à trop court terme de la relation, peu d'anticipation.	**Investisseurs-Entrepreneurs,** *PLANIFIEZ!* **Du premier contact à la signature du chèque, le délai moyen est de 9 mois avec une fourchette de 4 à 18 mois.** • Planifiez ensemble des étapes claires. • Établissez un calendrier d'actions, utilisez-le dans toutes vos opérations. **Tout reste à faire après la proposition d'investissement.**

.../...

CONSTRUIRE LA RELATION ENTREPRENEUR-INVESTISSEUR			AVANT INVESTISSEMENT
	CONSTATS	CONSÉQUENCES	REMÈDES cf. *boîte à outils*
Lisibilité du projet	Plan de développement *peu clair.* Hypothèses de construction mal étayées. Le projet *varie* suivant les interlocuteurs.	Prise en compte systématique des hypothèses d'activités les plus basses, ce qui accentue la méfiance de l'entrepreneur. Les investisseurs s'apercevront ensemble des *différences* de prévisions.	**Entrepreneurs,** *SOYEZ COHÉRENTS!* Développez plusieurs scénarii argumentés et lisibles, accentuez la clarté des hypothèses de construction. Faites le point au fil de la relation : le plan doit pouvoir évoluer dans le temps, mais gardez une orientation claire. Homogénéisez les documents présentés aux investisseurs.
Compétences de l'équipe et objectifs du projet	Les forces en présence ne semblent *pas adéquates* en regard des objectifs visés. Des compétences clés font défaut.	Les investisseurs *imposent* un changement ou un complément dans l'équipe de direction. Les entrepreneurs se braquent.	**Investisseurs-Entrepreneurs,** *IDENTIFIEZ ET VALORISEZ LES COMPÉTENCES!* Travaillez ensemble sur l'identification des compétences nécessaires et disponibles au sein et à l'extérieur de l'entreprise. Entrepreneurs, veillez à l'adéquation équipe/projet: investissez sur vos compétences, acceptez le renforcement de l'équipe dirigeante. Investisseurs, soyez francs sur l'adéquation de l'équipe aux objectifs visés, valorisez les compétences de l'équipe en place.
Détention du capital	Les demandes de détention du capital des entrepreneurs exacerbent les *tensions.*	La discussion *achoppe* sur la détention du capital.	**Entrepreneurs,** *DÉDRAMATISEZ* le passage des seuils de détention du capital, notamment celui des 51 %.
Simplification de la relation contractuelle	Plus la négociation est compliquée plus le pacte d'actionnaires est complexe.	Les protections et couvertures se multiplient. Les délais s'allongent, les coûts de transaction augmentent. Les **étapes** de financement **futures** seront plus difficiles.	**Investisseurs-Entrepreneurs,** *SIMPLIFIEZ et MUTUALISEZ!* Désignez des conseils communs et limitez la complexité juridique en planifiant des étapes simples et rapprochées. • Investisseurs, définissez des contrats types simples, informez les entrepreneurs sur leurs droits et devoirs. • Entrepreneurs, la valorisation est progressive et continue: l'introduction de conseils externes dans le débat peut être un facilitateur.

...*/*...

© Groupe Eyrolles

CONSTRUIRE LA RELATION ENTREPRENEUR-INVESTISSEUR		AVANT INVESTISSEMENT
CONSTATS	CONSÉQUENCES	REMÈDES cf. *boîte à outils*

Entretien de la relation de confiance

CONSTATS	CONSÉQUENCES	REMÈDES cf. *boîte à outils*
L'entrepreneur n'a pas encore noué ou n'entretient pas les relations avec ses investisseurs: il ne capitalise pas. La relation se **dilue**. L'investisseur est plutôt passif et attend plus de réactivité de la part de l'entrepreneur.	L'entrepreneur n'exploite pas assez les atouts de chacun de ses investisseurs. L'entrepreneur se sent dépossédé. L'entrepreneur retient l'information et ne prévient pas en cas de *dérive*. Chacun se crispe: tout *accroc* peut être source de conflits. La *tension* se communique aux investisseurs existants ou potentiels.	**Investisseurs-Entrepreneurs,** *INVESTISSEZ DU TEMPS!* **À l'amorçage, c'est pratiquement du coaching qu'il faut instaurer.** Quels que soient la situation de l'entreprise, croissance ou problème conjoncturel, et le stade de financement : • Construisez une relation humaine sur mesure. • Faites appel à des administrateurs indépendants pour enrichir les échanges. Investisseurs, soutenez la démarche partenariale: vous en avez l'expérience alors que l'entrepreneur ne saura pas toujours prendre l'initiative. Entrepreneurs, cette relation partenariale est limitée par l'horizon de sortie, donnez-lui du temps et de l'énergie.

Information et outils de gestion de la relation

CONSTATS	CONSÉQUENCES	REMÈDES cf. *boîte à outils*
L'entrepreneur et l'investisseur *ne partagent pas* toujours la même conception de l'information pertinente. L'entrepreneur perd du temps, il se sent surveillé. L'investisseur a l'impression de ne pas être tenu au courant, notamment quand il apprend par un tiers ou au dernier moment que l'entreprise va mal.	Les documents d'information ne satisfont pas les attentes d'investisseurs aux *profils différents* (plus ou moins actifs). L'entrepreneur perd du temps au *détriment* du reste de son activité. L'investisseur se sent sous informé ou noyé dans les détails. Il est tenté de *diviser* pour mieux régner... L'entrepreneur aussi. Tout en demandant toujours plus de reporting, l'investisseur *perd confiance* dans l'entrepreneur et tout intérêt pour le dossier.	**Investisseurs-Entrepreneurs,** *TRAVAILLEZ ENSEMBLE!* Bâtissez conjointement un tableau de bord synthétique, régulier et homogène d'un investisseur à l'autre, sur la base des outils de gestion de l'entreprise. **Cela ne suffit pas. Mettez en place :** • un suivi informel au fil de l'eau, • des consultations régulières avec des experts extérieurs, • la diffusion de documents formalisés pour les CA et CS.

© CapInTech

Extrait de
«Key steps Before Talking to Venture Capitalists» – Intel Capital

«Key issues and steps in the investment process include the following :

- *Raising capital with venture capital is about growing a business.*
- *Put yourself in the investor's shoes and critisize your own proposals.*
- *Know your audience.*
- *Prepare a business plan and an executive summary.*
- *Value your business and set your negociating boundaries.*
- *It costs time and real money to raise capital.*
- *You will likely need experienced legal advice.*
- *Get ready for a road show.*
- *Be prepared to start the negociation and open your company for external scrutiny.*
- *Be prepared for changes in governance.*
- *Understand the different roles of the entrepreneur, the CEO, and the shareholder.»*

Table des matières

Deuxième partie
Comment réussir ma levée de fonds ?

Troisième partie
Comment négocier le pacte d'actionnaires et la garantie de passif ?